Verantwortete Partnerschaft

28 Arbeitsblätter
mit didaktisch-methodischen Kommentaren

Sekundarstufe I

von
Marlies Schilling / Jörg Schilling

Ernst Klett Verlag
Stuttgart Düsseldorf Leipzig

Der Verlag hat sich nach bestem Wissen und Gewissen bemüht, alle Inhaber von Urheberrechten an Texten und Abbildungen zu diesem Werk ausfindig zu machen. Sollte das in irgendeinem Fall nicht korrekt geschehen sein, bitten wir um Entschuldigung und bieten an, gegebenenfalls in einer nachfolgenden Auflage einen korrigierten Quellennachweis zu bringen.

Abb. S. 19: M. C. Escher, Der letzte Schöpfungstag 1926. © 1998 Gordon Art, AC Baarn

Gedruckt auf Papier, welches aus Altpapier hergestellt wurde.

Die Deutsche Bibliothek – CIP-Einheitsaufnahme

Schilling Marlies
Verantwortete Partnerschaft : 28 Arbeitsblätter mit didaktisch-methodischen Kommentaren / von Marlies Schilling/Jörg Schilling. –
1. Aufl. – Stuttgart ; Düsseldorf ; Leipzig : Klett, 1998
ISBN 3-12-926763-8

1. Auflage 1998 A

Internetadresse: http://www.klett.de
Umschlaggestaltung: BSS Werbeagentur Sachse und Partner, Bietigheim
Druck und Bindung: Wilhelm Röck, Weinsberg. Printed in Germany.
ISBN 3-12-926763-8

Kapitel I Zur Liebe gehören immer zwei

Kapitel II Kann denn Liebe Sünde sein?

M 1

Tamagotchi

Eierkrise

Am Anfang war alles nur ein Spiel – jetzt wird es bitterer Ernst. Das Tamagotchi, virtueller Begleiter von Millionen Kindern, gefährdet nach Ansicht des philippinischen Senators Juan Flavier den Arbeitseifer und Studienerfolg des Volkes und soll deshalb in Schulen und Büros verboten werden. Flavier, ehemaliger Gesundheitsminister seines Landes, geht sogar noch weiter und fordert, den Verkauf der elektronischen Haustiere ganz zu verbieten.

Recht so. Nichts gegen flächendeckende Nächstenliebe, aber das Tamagotchi-Fieber droht eine ganze Jugend zu verweicheiern. Außerdem leidet langfristig das Bruttosozialprodukt. Es kann nicht angehen, dass Kunden in Banken warten müssen, weil das Tamagotchi des Kassierers gerade Durchfall hat. Auch ist es keinem Lehrer zuzumuten, dass seine Schüler ständig Trauerurlaub nehmen, weil ihr Cyber-Huhn mangels Pflege schon wieder das finale Ei gelegt hat. Womöglich kursiert das Tamagotchi auch schon in philippinischen Senatorenkreisen.

Europa guckt gebannt nach Osten. Auf den Philippinen ist übrigens auch gerade Sommerloch.

UWE JANSSEN

aus: Hannoversche Allgemeine Zeitung, Juli / August 1997

M 2

Weg-Zeichen

aus: Frankfurter Allgemeine Zeitung / Ivan Steiger, 16.08.1997

M 3

Aus Eifersucht: Tamagotchi-Küken vergiftet

Zum ersten Mal hat rasende Eifersucht einem Computer-Küken das Leben gekostet: Der Engländer Andy Maynard (26) schickte das Tamagotchi seiner Freundin Fay (23) ins Jenseits, weil er sich vernachlässigt fühlte.

Die Sekretärin aus London hatte den Spielzeughit (weltweit 10 Millionen Stück verkauft) von einer Freundin geschenkt bekommen. Sofort begann sie, das virtuelle Küken per Knopfdruck großzuziehen – rund um die Uhr wurde es gefüttert, gesäubert und bei Krankheit mit Medikamenten versorgt.

Als Fay ihren Freund nach fünf Tagen bat, das Spielzeug mit ins Schlafzimmer nehmen zu dürfen, beschloss er zu handeln: Er griff sich das Tamagotchi, verabreichte ihm per Knopfdruck 40 Medizin-Injektionen – eine tödliche Überdosis. „Wie kann er nur so grausam sein?“ schluchzte Fay. Andy verbot ihr ausdrücklich, das Computerspiel neu zu starten.

aus: Bild am Sonntag 27.07.1997

M 4

Gebrauchsanweisung

Ei ei

Das Tamagotchi macht Häufchen und lebt höchstens 5 Wochen.

Foto: Bandai

Wenn es ein Häufchen gemacht hat, erscheint im Display rechts unten ein kleiner Haufen. Wähle mit Knopf A das Symbol ‚Ente', bestätige dieses mit Knopf B. Der Haufen wird dann weggeräumt. (Aus der „Bedienungsanleitung" zum ersten „virtuellen Haustier".)

„Tamagotchi" heißt das Ding (Tamago = japanisch für Ei). Es kommt aus Japan.

Weitere Infos:

„Tamagotchi will gefüttert, gepflegt, geputzt und geliebt werden. Je nach Fürsorge seines Besitzers entwickelt Tamagotchi verschiedene Formen und Charaktereigenschaften. Vernachlässigt man es, meldet es sich zunächst durch ein Piepsen. Schenkt man ihm auch dann nicht die nötige Aufmerksamkeit, stirbt es."

Geboren wird es so („Bedienungsanleitung"):

- **„Entferne das Papierschild an der Seite oder**
- **drücke mit einem spitzen Gegenstand den ‚Reset-Knopf' auf der Rückseite.**
- **Die Zeit muss eingestellt werden, indem man Knopf B drückt, damit im Display die Uhrzeit erscheint. Stunden werden mit dem Knopf A eingestellt, die Minuten mit Knopf B. Nun drücke Knopf C zum Beenden der Zeiteinstellung.**
- **Nun wird dein Tamagotchi in etwa 5 Minuten schlüpfen."**

In 5 Wochen – gute Pflege vorausgesetzt – stirbt es.

„Wenn es stirbt" (wieder Erklärung der „Bedienungsanleitung"):

- **„Man kann nichts machen, wenn der Engel erscheint.**
- **Wenn du ein neues Tamagotchi haben möchtest, drücke Knopf A und B gleichzeitig und ein neues Tamagotchi wird in 5 Minuten geboren werden."**

Also, ich weiß nicht, das uns zugeschickte Ei schlummert noch immer in der Plastikhülle. Noch ungeboren ist's, unser Tamagotchi. Ich denke an Maxi, meine Katze. Die schaut mich an, miaut mit spitzen Zähnchen, ich weiß, sie will raus. Also lass ich sie raus. Ich stell ihr ein Trinkschälchen hin, mach 'ne Büchse auf, wechsle das Katzenstreu. Maxi umwuselt mich schon 12 Jahre. Maxi lebt. Und dieses Tamagotchi, dies Kunstprodukt, wird mich auch traktieren, will umsorgt sein. Und nach spätestens 5 Wochen ist's tot. Aber man kann ihm auch früher den Garaus machen, straffrei. Einfach das Häufchen nicht wegräumen, nicht mehr füttern. Dann erscheint der Engel. Und ich hab ein schlechtes Gewissen. Ich ein Killer?

Also, ich weiß nicht, wie ich zu diesem Plastik-Ei stehen soll. Ganz sicher: Ich gehör nicht mehr zur Zielgruppe. Im Übrigen pflegen vor allem Mädchen das Kunst-Haustier. Oder würden gern pflegen: In Nürnberg beispielsweise gab's im Juni kein Ei mehr, alles ratzeputz ausverkauft. „Fragt im Oktober oder November wieder mal nach!" hieß es. E. W. Länger

PS: Inzwischen hat Tamagotchi Gesellschaft erhalten – fünf weitere Cyberspace-Wesen. PR-Text: „Neben dem kleinen Hund Rexi bekommt man unter dem Namen Zazoo weitere Tiere, wie zum Beispiel eine Katze, ein Äffchen, einen Hund und sogar einen Baby T-Rex für alle, die sich schon immer einen Dinosaurier als Haustier halten wollten."

aus: Staffette, 9/1997, S. 5

M 5

Endlich – die Freiluftsaison hat wieder begonnen!

Johannes Borer / Baaske Cartoon, München

M 1

WUNSCHPARTNER GESUCHT

Kreuze an!

Wünsche der Mädchen		Wünsche der Jungen
O	raucht nicht	O
O	trinkt nicht viel Alkohol	O
O	Aussehen wichtig	O
O	kinderlieb	O
O	lustig	O
O	kann den Haushalt führen	O
O	nicht zu altmodisch	O
O	Glaube wichtig	O
O	Alter wichtig	O
O	gute Berufsausbildung	O
O	nicht eingebildet	O
O	hat Zeit für die Familie	O
O	romantisch	O
O	nett	O
O	verständnisvoll	O
O	humorvoll	O
O	kann gut kochen	O
O	ehrlich	O
O	sportlich	O

aus: Neue Technologien und Allgemeinbildung. Religion. Hrsg. vom Niedersächsischen Kultusministerium, Hannover 1993, Bd. 25

M 2

Aber ich bin ich – ein Mädchen

M 3

Aber ich bin ich – ein Junge

aus: „Sex und so …". PRO FAMILIA Landesverband Niedersachsen, Hannover 1992, S. 16 f.

M 4

BEI WELCHEN MÄNNERN FRAUEN SCHWACH WERDEN

Klarer Favorit der deutschen Frauen zwischen 18 und 49: der Beschützer. Unbeliebt: der Brachial-Macho

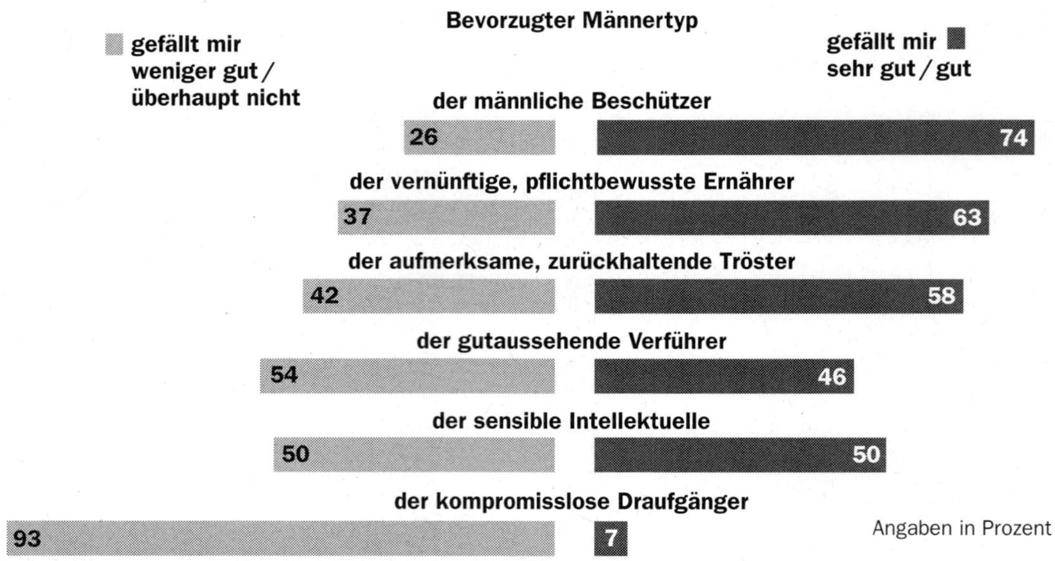

DIE WICHTIGSTEN EIGENSCHAFTEN, die ein Mann besitzen sollte, sind – aus Sicht der deutschen Frauen – Zuverlässigkeit (98,8 Prozent) und Verantwortungsgefühl (98,1 Prozent)

Quelle: IFAK-Institut, Taunusstein

aus: FOCUS 05.05.1997, S. 177

M 5

Jeder Zweite sagt: Frauen ins Haus

WIESBADEN. Frauen sollten nach Ansicht jedes zweiten westdeutschen Mannes zu Hause bleiben und sich um Kinder und Haushalt kümmern. 47 Prozent der Frauen sind derselben Meinung. Das ermittelte das Statistische Bundesamt. In Ostdeutschland wollen hingegen nur 26 Prozent der Frauen und 27 Prozent der Männer die Frau zu Hause sehen. Ein Drittel der Westbürger meint, Frauen sollten die Karriere ihres Mannes unterstützen statt einen hohen Posten anzustreben.

aus: Neue Presse, Hannover 21.05.1997

M 1

HITLISTE DER VORBILDER

1. Paddy Kelly
2. Michael Schumacher
3. Mitglieder von Take That
4. Eltern/Großeltern
5. Angelo Kelly
6. Jesus
7. Boris Becker
8. Freunde/Freundinnen
9. Henry Maske
10. Geschwister
11. Katja Seizinger
12. Patricia Kelly
13. Anke Huber
14. Michael Jackson
15. Astrid Lindgren
16. Lehrer
17. Jürgen Klinsmann
18. Verwandte, Nachbarn, Bekannte
19. Horst Tappert
20. Priester
21. Thomas Gottschalk
22. Tina Turner
23. Udo Lindenberg
24. Ricky (von Tic Tac Toe)
25. Jens Weißflog

aus: Eltern, Juni 1996, S. 217

M 2

aus: DER SPIEGEL 52/1997, S. 68

M 3

GESA (14)

„Über Vorbilder zu schreiben fällt mir schwer. Ich versuche es einmal:

Cindy Crawford oder andere Mädchen mit Selbstbewusstsein und Mut, sich in allen Sachen durchzusetzen, finde ich gut. Cindy hat eine supergute Figur und ist sehr hübsch. Aber die meisten Mädchen, die ziemlich gut aussehen, sind auch eingebildet, bilden sich ein, dass sie die hübschesten auf der Welt wären, das kann ich nicht ausstehen, die können sich dann ihre Schönheit in den „Po" schieben. Denn wenn sich Mädchen hübsch machen, um anderen zu gefallen, dann sind sie nicht selbstbewusst. Ich finde aber auch Mädchen mit großer Klappe toll. Mädchen, die stark sind, wissen, was sie wollen. So will ich auch mal werden: selbstbewusst und stark gegen alle Probleme. Irgendwie kommt es gar nicht auf Schönheit an, aber trotzdem finde ich Cindy Crawford stark und einfach genial."

M 4

SONJA (14)

„Morgens, wenn ich aufstehe und in den Spiegel gucke, denke ich, schade, dass ich nicht hübscher bin.

Hätte ich doch nur einen Teil von Janas oder Hannas Gesicht. Mit meinem Mondgesicht kann ich einfach nicht mithalten. Dann schaue ich an mir hinunter und sehe meinen Bauch. Er könnte ruhig ein bisschen dünner sein – wie bei meinen Freundinnen. Mich nämlich bauchfrei zu zeigen, wie es gerade Mode ist, traue ich mich nicht. Ich habe zu viel Angst davor, dass jemand eine dumme Bemerkung macht. Es ist natürlich auch schon vorgekommen, dass jemand sagt, dass ich dick sei. Das verletzt mich natürlich auch. Ich glaube, dass ich gerade in diesem Bereich besonders empfindlich bin.

Ich hatte auch noch nie einen richtigen Freund. Vielleicht hat das auch damit zu tun, dass ich ein bisschen schüchtern bin. Aber der wichtigste Grund ist mein Aussehen. Schließlich wollen die meisten Jungen schlanke, hübsche Mädchen. Aber solche Jungen gehen mir am Arsch vorbei. Denn das Wichtigste sind immer noch die inneren Werte. Ich z. B. habe keine berühmten Vorbilder, sondern viele Mädchen, die mir täglich vor der Nase herumschwirren. Entweder haben sie eine super Figur oder sehen toll aus. Aber oft sind solche Mädchen arrogant. Manchmal bewundere ich aber auch Schauspielerinnen, die sich getraut haben, durch diese ganze Mühle des Films durchzugehen. Ich bewundere Frauen, die sich viel trauen und Mut haben. Ich finde es toll, wenn Frauen eine große Klappe haben und sich bei den Männern durchsetzen. Ich bewundere alle, die etwas aus ihrem Leben gemacht haben.

Später, wenn ich älter bin, möchte ich auch was ganz Besonderes aus meinem Leben machen."

M 3 und M 4 aus: Schüler 1997, Stars, Idole, Vorbilder. Friedrich Verlag, Seelze, S. 75 f.

M 5

Leitbild Traumfigur

Body-Styling
für junge Frauen

Foto: © Volker Minkus, Isernhagen

Wenn es nach den Bildern aus den Medien ginge, müssten alle Frauen makellos schön und schlank sein. Schon junge Mädchen orientieren sich an diesem Ideal. Doch vom Kampf ums Schönheitsideal profitieren vor allem die Fitnessstudios.

CLAUDIA KUGELMANN

"Der Traum von der perfekten Figur: schmale Taille, flacher Bauch, fester Busen, knackiger Po und sportlich schlanke Beine." So beginnt ein Beitrag zum „Training nach Maß – Fitness" in der Zeitschrift „Elle" vom November 1996 (Rubrik „Beauty"). Zusammen mit dem entsprechenden Foto einer jungen Frau in sportiver Pose wird hier das Wesentliche des gängigen weiblichen Schönheitsideals gebündelt. Die Adressaten dieser Botschaft sind junge Frauen, die diese und andere Zeitschriften mit ähnlichen Beiträgen zum Thema kaufen, um sich über Trends zu informieren, über Mode, darüber, was „in" ist. Und anscheinend kommt die Botschaft an – viele orientieren sich an den dort präsentierten ästhetischen Leitbildern und versuchen wenigstens, ihnen zu gleichen.

Ein „very trendy" Ort, um solche Wünsche nach dem idealen Körper zu verwirklichen, ist das Fitnessstudio. In den Städten genauso wie auf dem Land entstehen immer mehr davon. Während das Trimmen zu Hause nach kurzer Zeit immer wieder an der alltäglichen Bequemlichkeit oder an den Umständen scheitert, während im schulischen Sportunterricht schon die Aufforderung zum Warmlaufen als Zumutung erscheint, während der Drop-out-Anteil weiblicher Jugendlicher bei den Sportvereinen besonders hoch ist, haben die kommerziellen Unternehmen keine Existenzsorgen. Sie scheinen einen nicht geringen Anteil daran zu haben, dass Body-Styling Frauen fasziniert; die Modellierung des Körpers ist sozusagen untrennbar verbunden mit dem Szenario „Fitnessstudio".

Von den derzeit ca. 3,5 Millionen Menschen in 5500 bis 6000 deutschen Studios sind im Schnitt etwa 55 % Frauen, in vielen Studios jedoch 65 – 70 % – mehr als in den traditionellen Vereinen aktiv sind. [...] Die meisten Besucherinnen von Sportstudios wollen etwas für ihre Gesundheit und Schönheit tun – Body-Styling oder -Shaping betreiben. Der Frauenanteil beim eigentlichen Bodybuilding liegt bei nur 5 – 10 %. Der Besuch eines Fitnessstudios kostet im Schnitt 100 DM im Monat.

aus: Schüler 1997, Stars, Idole, Vorbilder. Friedrich Verlag, Seelze, S. 75

M 6

Rabbi Israel, der Baal Schem Tow, sagte:
„An der Stelle der Schrift, die von der Erschaffung des Menschen berichtet, heißt es: ‚Und der Herr sprach: Lasst uns den Menschen machen!' (1. Mose 1,26) – Mit wem sprach Gott, als er sagte: ‚Lasst uns den Menschen machen'?
Er sprach", so erklärte Rabbi Israel, der Baal Schem Tow, „er sprach schon mit dem Menschen selbst: Komm, du und ich gemeinsam, wir wollen uns den Menschen erschaffen! Denn wenn du mir nicht helfen willst, kann auch ich dich niemals zu einem richtigen Menschen machen."
(Rabbi Israel gilt als Begründer der chassisischen Bewegung am Anfang des achtzehnten Jahrhunderts in Osteuropas. Er wurde bekannt unter dem Namen „Baal Schem Tow", dies bedeutet übersetzt „Meister vom Guten Namen".)

aus: Shmuel Avidor Hacohen, Ratlos war der Rabbi nie, GTB 1022. Gütersloher Verlagshaus, 6. Aufl. 1995

M 7

M. C. Escher, Palmbaum 1923

M 8

Als Rabbi Joseph einmal im Begriffe war, sich seinen Mantel überzuziehen, sprang einer seiner Schüler auf, um ihm behilflich zu sein.
Rabbi Joseph aber lehnte freundlich ab und erklärte: „Ich bin ganz sicher, dass, wenn der Mensch vier Hände brauchte, um seinen Mantel anzuziehen, Gott ihn auch so geschaffen hätte!"

aus: Shmuel Avidor Hacohen, Ratlos war der Rabbi nie, GTB 1022. Gütersloher Verlagshaus, 6. Aufl. 1995

M 1

Mehr geht leider nicht

die welt sieht pastell zu mir durchs fenster
ich träume mir löcher in den kopf
du hast mich total eingenommen
hältst jede zelle besetzt
hast meinen gipfel erklommen
mir gezeigt
wie man berge versetzt
liegt meine seele in falten
bügelst du sie auf
schlugst mir das glück um die ohren
hast mir den atem geraubt
mich erhitzt
mich erfroren
immer an mich geglaubt
weiß ich weder ein noch aus
weiß ich
du hievst mich aus jedem tief
auch aus dem tiefsten tief heraus

ist nicht nur
daß ich dich liebe
ist nicht nur
daß ich dich mag
ich wüßte wirklich nicht
wo ich ohne dich bliebe
ohne dich keinen tag

du holst mich aus den wolken
stellst mich auf den boden zurück
dir was vorzumachen ist schwierig
du liest in meinem gesicht
ich lieb dich
ich lieb dich
mehr geht leider nicht
du lachst mir mut zu
wann immer ich's brauch
du lachst mir mut zu
und all das andere
alles andere tust du auch

ist nicht nur ...

Text und Musik: Herbert Grönemeyer

M 2

Das Hohelied der Liebe

4 Schön bist du, meine Freundin, / ja, du
bist schön.
Hinter dem Schleier / deine Augen wie
Tauben.
Dein Haar gleicht einer Herde von Zie-
gen, / die herabzieht von Gileads Bergen.
2 Deine Zähne sind wie eine Herde / frisch
geschorener Schafe, / die aus der Schwemme stei-
gen.
Jeder Zahn hat sein Gegenstück, / keinem fehlt
es.
3 Rote Bänder sind deine Lippen; / lieblich ist
dein Mund.
Dem Riß eines Granatapfels gleicht deine Schlä-
fe / hinter dem Schleier.
4 Wie der Turm Davids ist dein Hals, / in Schich-
ten von Steinen erbaut;
tausend Schilde hängen daran, / lauter Waffen
von Helden.
5 Deine Brüste sind wie zwei Kitzlein, / wie die
Zwillinge einer Gazelle, / die in den Lilien weiden.
6 Wenn der Tag verweht und die Schatten wach-
sen, / will ich zum Myrrhenberg gehen, / zum Weih-
rauchhügel.
7 Alles an dir ist schön, meine Freundin; /
kein Makel haftet dir an.

5 2 Ich schlief, doch mein Herz war wach.
Horch, mein Geliebter klopft:
Mach auf, meine Schwester und Freundin, / mei-
ne Taube, du Makellose!
Mein Kopf ist voll Tau, / aus meinem Locken
tropft die Nacht.
3 Ich habe mein Kleid schon abgelegt – wie soll
ich es wieder anziehen?
Die Füße habe ich gewaschen – soll ich sie wie-
der beschmutzen?
4 Mein Geliebter streckte die Hand durch die Lu-
ke; / da bebte mein Herz ihm entgegen.
Hohelied Salomos

M 3

Jörg Schilling

Einfach göttlich

Über den Häusern Gärten
Mit Palmen
Du neben mir, Champagner im Plastikbecher
Ungeschminkte Blöße

Gläser mit Kussmund
Himmel hinter Kondensstreifen
Wir lieben sündhaft teure
Hotels

Zum Abendessen in Kleid
Und Smoking
Paare aus der Illustrierten
Von der Liebe gezeichnet

M 4

Erich Fried

Was es ist

Es ist Unsinn
sagt die Vernunft
Es ist was es ist
Sagt die Liebe

Es ist Unglück
sagt die Berechnung
Es ist nichts als Schmerz
sagt die Angst
Es ist aussichtslos
sagt die Einsicht
Es ist was es ist
sagt die Liebe

Es ist lächerlich
sagt der Stolz
Es ist leichtsinnig
Sagt die Vorsicht
Es ist unmöglich
sagt die Erfahrung
Es ist was es ist
sagt die Liebe

M 5

Bertolt Brecht

Der, den ich liebe
Hat mir gesagt
Daß er mich braucht.
Darum
Gebe ich auf mich acht
Sehe auf meinen Weg und
Fürchte von jedem Regentropfen
Daß er mich erschlagen könnte.

M 1

Das Kreuz mit der Werbung

Adfinder, Hamburg. © Horst Wackerbarth, Düsseldorf

Als der Hemdenhersteller Otto Kern 1993 Jesus beim Abendmahl mit zwölf barbusigen Frauen zeigte, schockte das Bild konservative Christen. Die Werbung wäre vor 30 Jahren noch als Gotteslästerung geahndet worden. Inzwischen gehört die Provokation mit christlichen Symbolen und Chiffren zum gängigen Repertoire der Werbebranche – und kaum einer regt sich noch auf.

aus: DER SPIEGEL 52/1997

M 2

aus: Fröhliches Wörterbuch, „Schwiegermutter". Tomus Verlag München 1991, S. 55

M 3

© Tiki Küstenmacher / Baaske Cartoon, München

M 1 ______________________________

(Titel und Quelle siehe S. 2)

M 2

Der so genannte Sündenfall

1. Mose 3,1–13

Die Schlange war schlauer als alle Tiere des Feldes, die Gott, der Herr, gemacht hatte. Sie sagte zu der Frau: Hat Gott wirklich gesagt: Ihr dürft von keinem Baum des Gartens essen? [2]Die Frau entgegnete der Schlange: Von den Früchten der Bäume im Garten dürfen wir essen; [3]nur von den Früchten des Baumes, der in der Mitte des Gartens steht, hat Gott gesagt: Davon dürft ihr nicht essen, und daran dürft ihr nicht rühren, sonst werdet ihr sterben.

[4]Darauf sagte die Schlange zur Frau: Nein, ihr werdet nicht sterben. [5]Gott weiß vielmehr: Sobald ihr davon eßt, gehen euch die Augen auf; ihr werdet wie Gott und erkennt Gut und Böse. [6]Da sah die Frau, daß es köstlich wäre, von dem Baum zu essen, daß der Baum eine Augenweide war und dazu verlockte, klug zu werden. Sie nahm von seinen Früchten und aß; sie gab auch ihrem Mann, der bei ihr war, und auch er aß.

[7]Da gingen beiden die Augen auf, und sie erkannten, daß sie nackt waren. Sie hefteten Feigenblätter zusammen und machten sich einen Schurz. [8]Als sie Gott, den Herrn, im Garten gegen den Tagwind einherschreiten hörten, versteckten sich Adam und seine Frau vor Gott, dem Herrn, unter den Bäumen des Gartens. [9]Gott, der Herr, rief Adam zu und sprach: Wo bist du? [10]Er antwortete: Ich habe dich im Garten kommen hören; da geriet ich in Furcht, weil ich nackt bin, und versteckte mich. [11]Darauf fragte er: Wer hat dir gesagt, daß du nackt bist? Hast du von dem Baum gegessen, von dem zu essen ich dir verboten habe? [12]Adam antwortete: Die Frau, die du mir beigesellt hast, sie hat mir von dem Baum gegeben, und so habe ich gegessen. [13]Gott, der Herr, sprach zu der Frau: Was hast du da getan? Die Frau antwortete: Die Schlange hat mich verführt, und so habe ich gegessen.

M 3

Von den ersten Menschen

M 4

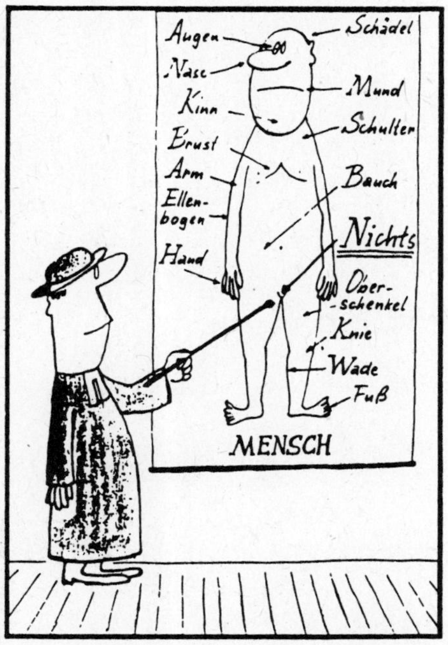

Arbeitshilfen für den ev. Religionsunterricht an Gymnasien. Loccum Nr. 46, S. 126. Ev.-Luth. Landeskirchenamt, Rote Reihe 6, Hannover

M 5

M 6 Pfui!

Aufgabe: Unterstreiche!

rot: Was nach deiner Meinung unanständig ist.
blau: Was wohl nach Meinung deiner Lehrer unanständig ist.
grün: Was wohl nach Meinung deiner Eltern unanständig ist.
Schreibe eigene Wörter dazu!

Zu viel essen

Bei der Klassenarbeit mogeln

Hausaufgaben nicht abschreiben lassen

Küssen

Treten

mit Ausländerkindern spielen

Schimpfwörter benutzen

kein Frühstück essen

Petzen

Streiten

Westernfilm ansehen

nackt baden

Liebesbrief schreiben

in die Disco gehen

Boxen

Liebesfilm im Kino sehen

umarmen

Schmusen

Foulspiel beim Sport

unordentliche Kleidung tragen

Kaugummi kauen

aus: Horst Klaus Berg (Hrsg.), Lieder – Bilder – Szenen im Religionsunterricht, Bd. 5 Karikaturen f. d. 4.–7. Schulj. Calwer/Kösel, Stuttgart/München 1981, S. 85

M 1

Das Hohelied der Liebe

Sprechmotette
Biblische Quelle: 1. Korinther 13

Ausführung: Zwei Sprecher werden benötigt. Einer liest den Bibeltext, der andere die ergänzenden Gedanken. Man kann den Text natürlich auch auf mehrere Sprecher verteilen.

Wichtiger Inhalt:
Die Liebe ist die Erfüllung des Gebotes Jesu.

Sprecher 1: Wenn ich mit Menschen- und mit Engelzungen redete und hätte die Liebe nicht, so wäre ich ein tönendes Erz oder eine klingende Schelle.

Sprecher 2: Wenn ich glänzende Andachten hielte; wenn ich entscheidende Beiträge in Gesprächen und Diskussionen lieferte; wenn ich immer treffend formulierte, mitreißend Zeugnis ablegte und innige Gebete zelebrierte, aber die Liebe Christi wäre nicht in mir und würde mich nicht bestimmen, so wäre ich wie eine schlechte Schallplatte.

Sprecher 1: Und wenn ich prophetisch reden könnte und wüsste alle Geheimnisse und alle Erkenntnis und hätte allen Glauben, sodass ich Berge versetzen könnte, und hätte die Liebe nicht, so wäre ich nichts.

Sprecher 2: Wenn ich tiefste geistliche Urteilskraft hätte und die Irrtümer aller Weltanschauungen durchschauen und aufdecken könnte, wenn ich diese Zeit mit all ihren politischen, wissenschaftlichen Umwälzungen bis auf den Grund durchschauen und sogar über die Zukunft unserer Welt Gewisses vorhersagen könnte und die Liebe Christi wäre nicht in mir, so wäre ich nichts wert.

Sprecher 1: Und wenn ich alle meine Habe den Armen gäbe und ließe meinen Leib verbrennen, und hätte die Liebe nicht, so wäre mir's nichts nütze.

Sprecher 2: Wenn ich meine ganze Freizeit in die Mitarbeit steckte, wenn ich um meines Glaubens willen auf Erfolg verzichtete und mich allen Demütigungen und allen Verdächtigungen willig als Zielscheibe darböte, wenn ich wirklich mit allem, was ich bin und habe, mit allen Gütern und Begabungen dem Dienst der Gemeinde zur Verfügung stünde und die Liebe Christ wäre nicht in mir, so würde mich das alles nicht einen Schritt näher zu Gott bringen.

Sprecher 1: Die Liebe ist langmütig.

Sprecher 2: Sie hat die Geduld und den langen Atem Gottes, die Liebe Christi lässt nicht nach, sie umgibt uns immer. Sie hat auch dann noch Geduld, nachdem etwas hundertmal gesagt wurde. Es ist die Liebe, für die es keine hoffnungslosen Fälle gibt.

Sprecher 1: Die Liebe ist freundlich.

Sprecher 2: Freundlichkeit ist die Stärke der Liebe und weil die Liebe stark ist in ihrer Güte und in ihrer Freundlichkeit, deshalb kann sie es sich leisten, dem anderen auch dann freundlich zu begegnen, wenn der andere ihr nicht freundlich gesonnen ist.

Sprecher 1: Die Liebe eifert nicht.

Sprecher 2: Sie kennt keine Eifersucht, sie beneidet den anderen nicht, sie versucht nicht, alles nachzumachen. Die Liebe Christi kennt keinen Fanatismus, sie macht freimütig ihr Angebot, aber sie respektiert das Geheimnis des anderen Menschen.

Sprecher 1: Die Liebe treibt nicht Mutwillen.

Sprecher 2: Sie prahlt nicht, sie provoziert nicht, sie nutzt niemanden aus – weder die Schwachen noch die Starken. Die Liebe verspricht nicht die Lösung aller Lebensfragen, sie zeichnet kein Idealbild der Gemeinde, sie täuscht weder sich noch andere über die eigene Schwachheit hinweg, sie versucht, Gottes Angebot weder zu verbessern noch zu ermäßigen, sie gibt es weiter, wie es ist.

Sprecher 1: Die Liebe bläht sich nicht auf.

Sprecher 2: Sie sagt und denkt nie: Sieh mal, was ich gemacht habe, sieh mal, wer ich bin, und du? Oder: Ohne mich wärst du gar nichts. Die Liebe stößt die anderen nicht vor den Kopf. Die Liebe ordnet sich unter.

Sprecher 1: Die Liebe verhält sich nicht ungehörig.

Sprecher 2: Sie ärgert den anderen nicht und ärgert sich auch nicht über ihn, denn der andere ist auch ein Geschöpf Gottes, mit dem Gott etwas vorhat. Sie lässt sich nicht in die Sorge um sich selbst verstricken, sondern hält sich ganz offen für den Anspruch und die Not des anderen Menschen. Sie hat Zeit für den anderen.

Sprecher 1: Die Liebe sucht nicht das Ihre.

Sprecher 2: Sie fürchtet sich nicht davor, mit der Schuld, dem Leid und der Angst des anderen belastet zu werden.
Sie ist nicht selbstsüchtig. Sie sucht nicht nach ihrer Bestätigung oder ihrem eigenen Vorteil. Sie tut nichts von oben herab. Sie bringt den anderen nicht in die Abhängigkeit, sie erweckt zur Mündigkeit. Sie liebt den anderen nicht um seiner Vorzüge, sondern um der Liebe des Vaters willen.

Sprecher 1: Die Liebe lässt sich nicht erbittern.

Sprecher 2: Sie sagt nicht: Das war das letzte Mal … wenn du noch einmal … das war deine letzte Chance, ich mache nicht mehr mit. Sie nimmt Enttäuschungen hin und ist immer bereit zu einem neuen Anfang, denn sie ist die Kraft Gottes.

Sprecher 1: Die Liebe rechnet das Böse nicht zu.

Sprecher 2: Das zu schnelle Wort, das eingeschnappte Schweigen, das Böse wird nicht aufgestapelt.

Sprecher 1: Die Liebe freut sich nicht über die Ungerechtigkeit, sie freut sich aber an der Wahrheit.

Sprecher 2: Sie deckt nicht zu, sie lässt nicht Gras darüber wachsen, sondern sie bereinigt und vergibt. Sie verkauft auch nicht die Wahrheit um des lieben Friedens willen, sie ist nie ungerecht, und für sie gibt es keine Wahrheit ohne Liebe.
Die Liebe Christi maßt sich kein Urteil über die anderen an. Sie kennt weder Selbstgerechtigkeit noch Schadenfreude. Aber sie nennt die Dinge beim Namen. Sie münzt niemals Unrecht in Recht um, und sie duldet nicht, dass andere es tun.

Sprecher 1: Die Liebe erträgt alles.

Sprecher 2: Auch wenn sie nicht versteht, warum der andere plötzlich so eigenartig geworden ist, und wenn mit ihm scheinbar nicht mehr auszukommen ist.

Sprecher 1: Die Liebe glaubt alles.

Sprecher 2: Sie nimmt den anderen beim Wort, auch wenn sie ausgenutzt wird. Sie ist nicht ironisch und meint, was sie sagt.

Sprecher 1: Die Liebe hofft alles.

Sprecher 2: Sie gibt die Hoffnung, dass Gott etwas aus dem anderen machen kann, nicht auf.
Gegen Charakterschwäche setzt die Liebe Gottes verändernde Macht.
Die Liebe Christi vertraut auf die unbegrenzten Möglichkeiten Gottes. Sie weiß, dass Gott unter allen Umständen an sein Ziel kommt. Darum gibt es für sie keine hoffnungslosen Situationen.

Sprecher 1: Die Liebe duldet alles.

Sprecher 2: Sie hält das Unmögliche aus, sie hält das Ungerechte aus. Und wenn alles zusammenzubrechen scheint – dann blüht die Liebe als große Hoffnung über den Trümmern.
Die Liebe hört niemals auf!
Liebe, die niemals aufhört!
Niemals hört die Liebe auf!
Es wird vergehen die christliche Gemeinde mit ihren Organisationen, mit ihrer Lehre und mit ihrem Dienst, mit ihrer Schwachheit und ihrer Kraft, die Welt mit ihrer Macht über Menschen und über Dinge, mit ihrem Forschen und Denken, mit ihrer Humanität und ihrer Unmenschlichkeit.
Denn dieses alles ist Stückwerk.
Die Liebe Christi nimmt all dies vergehende Stückwerk ernst, als Gabe und Auftrag von Gott. Aber sie hofft auf den Tag, da sie alle und alles ergreifen und verwandeln wird und damit die neue Welt auftut, da Gott Vollkommenheit, alles in allem, ist.

Sprecher 1: Nun aber bleiben Glaube, Hoffnung, Liebe, diese drei; aber die Liebe ist die größte unter ihnen!

Sprecher 2: Jesus Christus spricht: Das ist mein Gebot, dass ihr euch untereinander liebt, wie ich euch liebe.

(Johannes 15,12)

aus: Kick, fun & thrill. Arbeitsgemeinschaft der ev. Jugend in Niedersachsen (aejn), Hannover 1996, S. 68 f.

M 2

Ich liebe, die mich lieben, und die mich suchen, finden mich. Spr 8,17

Denn also hat Gott die Welt geliebt, dass er seinen eingeborenen Sohn gab, damit alle, die an ihn glauben, nicht verloren werden, sondern das ewige Leben haben. Joh 3,16

Wer meine Gebote hat und hält sie, der ist's der mich liebt. Wer mich aber liebt, der wird von meinem Vater geliebt werden, und ich werde ihn lieben und mich ihm offenbaren. Joh 14,21

Ein neues Gebot gebe ich euch, dass ihr euch untereinander liebet, wie ich euch geliebt habe, damit auch ihr einander lieb habet. Daran wird jedermann erkennen, dass ihr meine Jünger seid, so ihr Liebe untereinander habt. Joh 12,34f.

Nicht allein aber das, sondern wir rühmen uns auch der Trübsale, weil wir wissen, dass Trübsal Geduld bringt; Geduld aber bringt Bewährung; Bewährung aber bringt Hoffnung; Hoffnung aber lässt nicht zuschanden werden, denn die Liebe Gottes ist ausgegossen in unser Herz durch den heiligen Geist, welcher uns gegeben ist. Röm 3,3–5

Du sollst dich nicht rächen noch Zorn bewahren gegen die Kinder deines Volkes. Du sollst deinen Nächsten lieben wie dich selbst; ich bin der Herr. Lev 19,18

Seid niemand etwas schuldig, außer, dass ihr euch untereinander liebt; denn wer den andern liebt, der hat das Gesetz erfüllt. Röm 13,8

Als Israel jung war, hatte ich ihn lieb, ich rief ihn, meinen Sohn, aus Ägypten… Ich ließ sie ein menschliches Joch ziehen und in Seilen der Liebe gehen und half ihnen das Joch auf ihrem Nacken tragen und gab ihnen Nahrung. Hos. 11,1.4

Jesus aber sprach zu ihm: „Du sollst lieben Gott, deinen Herrn, von ganzem Herzen, von ganzer Seele und von ganzem Gemüte.“ Dies ist das vornehmste und größte Gebot. Das andere aber ist dem gleich: „Du sollst deinen Nächsten lieben wie dich selbst.“ In diesen zwei Geboten hängt das ganze Gesetz und die Propheten. Mt 22,37–40

aus: Lutherbibel, revidierter Text 1984. Mit Genehmigung der Deutschen Bibelgesellschaft, Stuttgart

M 3

Christus – der Pelikan

Eine afrikanische Sage erzählt: Ein Land wurde von einer großen Hungersnot befallen. Menschen und Tiere litten Not. Sie wussten nicht, wie sie ihr Leben erhalten konnten.
In diesem Land lebte auch ein Pelikan, der sich nicht so sehr um sein Leben als vielmehr um das Leben seiner Jungen sorgte. Sie forderten Tag für Tag ihre Nahrung. Der Pelikan wusste keinen Ausweg mehr. In seiner großen Not bohrte er sich mit dem Schnabel ein Loch in die Brust und gab sein Blut den Jungen zu trinken.
Als die Hungersnot vorüber war, konnten die Jungen gekräftigt ins Leben hinausfliegen. Der alte Pelikan aber starb. Er hatte sein Blut, sein Leben verschenkt an seine Jungen.

aus: Willi Hoffsümmer (Hrsg.), 255 Kurzgeschichten. Matthias-Grünewald-Verlag, Mainz 1981

M 1 Misereor Hungertuch „Hoffnung den Ausgegrenzten“

Misereor Hungertuch von Sieger Köder. © 1996 Misereor Medienproduktion und Vertriebsgesellschaft mbH, Aachen

M 2 Erläuterungen zum Misereor-Hungertuch

1

Noach

Wir sehen die Arche inmitten einer tödlichen Flut. Ein sinkender Tanker entlässt seine giftige Fracht; der schillernde Ölfilm verklebt das Gefieder des sterbenden Kormorans. Symbole der Vernichtung liegen auf dem Grund der Kloake: Panzerfäuste, Minen, Stahlhelme, Totenschädel, aufgerissene Dosen, Fischgerippe. Die Arche erhebt sich nur wenig über diesem Wasser. Sie gleicht eher einer brüchigen Slumhütte als einem schwimmfähigen Rettungsboot. Aus dem geöffneten Fenster lugen nicht nur Noach, sondern auch Repräsentanten der Weltbevölkerung. Sie erwarten die große weiße Taube mit dem Ölzweig im Schnabel.
Ein machtvoller Regenbogen bedeckt den Himmel; das Spektrum seiner Farben spiegelt sich wider im schmutzig-öligen Wasser. Der Bogen, den Gott in die Wolken gesetzt hat, ist Warnung für den Menschen und zugleich Hoffnung. Menschen, die die Erde als Lebenshaus zerstören, verfehlen ihr Menschsein […]. Die Schöpfungsgarantie Gottes (vgl. Gen 9,11) ist kein Freibrief für die ökologische Tötungskultur. Das Überleben der Menschheit ist nur gemeinsam möglich.

2

Mirjam

Die Prophetin Mirjam, Schwester Aarons, tanzt über dem Wasser und schlägt die Pauke. Ihre Haare flattern, ihr ganzer Leib ist in Bewegung. Sie trägt ein Kleid in den Farben des Regenbogens. Sie bewegt sich zwischen der rot-grünen Flut, die sich wie eine Gasse öffnet: „Wenn das Rote Meer grüne Welle hat, dann ziehen wir frei, heim aus dem Land der Sklaverei." Durch die gewaltigen Wassermassen werden mit Stacheldraht bewehrte Mauern eingerissen: „Wenn der Stacheldraht rote Rosen trägt, dann bleiben wir hier, weil sich das Land gewandelt hat." Der Maler hat sich bei der Mirjam-Szene vom Lied seines Dichterkollegen Wilhelm Willms inspirieren lassen.
Wir erinnern uns: Gott hatte das Schreien eines Volkes gehört und aus der Sklaverei geführt (Ex 20,2). Der Maler macht eine Frau, die Prophetin Mirjam, zur Kronzeugin der Rettungstat an Israel. Sie gibt dem Jubel des Volkes eine Stimme, sie tanzt und animiert zum Mitsingen und Mittanzen. „Singt dem Herrn ein Lied, denn er ist hoch und erhaben! Rosse und Wagen warf er ins Meer" (Ex 15,20–21). Jahwe hat sich bei der Errettung Israels als Lebenspender und Befreier erwiesen. Die geschenkte Freiheit hat sich für uns aber zu bewähren den Witwen, den Waisen, den Fremden und den Landlosen gegenüber (vgl. Dtn 5,6–21).

3

Das Mahl

Wir sehen einen gedeckten Tisch, gefüllt mit reichen Gaben: blaue Trauben, Brote, zwei Fische, eine übervolle Schale Reis, zwei Äpfel, eine Zitrone. Dabei stehen ein Tonkrug, Wein- und Wasserflaschen, ein mit rotem Wein gefüllter Becher. Um den Tisch sitzen Vertreter aus aller Welt: auf der linken Seite oben ein Afrikanerjunge, daneben – mit seinem Gewand in den Farben des Regenbogens – ein Indio aus dem Andenhochland, davor ein Liebespaar, er mit einem Strauß Rosen in den Händen. Auf der rechten Seite erkennen wir eine Frau, die sich an eine Hand schmiegt, daneben eine Asiatin, vor ihr ein kleiner schwarzer Junge, der kaum über den Tisch schauen kann und vorne ein alter Afrikaner, der im Blick auf den Betrachter in sich versunken seinen Wein trinkt. Diese Tischgemeinschaft ist eingeladen von dem, der das Brot bricht und dessen Antlitz sich im Becher spiegelt. Jesus isst und trinkt mit den Zöllnern und Sündern (vgl. Mk 2,13–17). Für ihn gibt es keine Trennung zwischen Heiligen und Sündern. Der Maler will, dass wir Maß nehmen an der unvoreingenommenen Offenheit und Gastlichkeit Jesu. Nicht die geschlossene Runde von Gleichgesinnten, sondern der nach allen Seiten offene Kreis, nicht das kultische Mahl im Tempel, sondern der festlich gedeckte Tisch eines Festmahles sind das zentrale Symbol der Reich-Gottes-Vision. Menschen unterschiedlicher Kulturen an einen Tisch zu bekommen, ihnen nicht nur die Brosamen vom Tisch der Reichen zu gönnen, sondern sie als gleichberechtigte Gesprächspartner zu akzeptieren: das ist auch Auftrag und tägliches Bemühen der von Misereor geförderten Solidaritätsarbeit.

Betesda 4

Im Vordergrund steht vor dem Betrachter die übergroße Gestalt eines Afrikaners, der lahm und blind ist. Im Hintergrund rechts sehen wir eine Gruppe von drei Männern. Zwei davon stützen und tragen einen verletzten Schwarzen. Im Vordergrund links helfen sich zwei Frauen gegenseitig; dahinter eine Frau, die Wasser trinkt. Alle dargestellten Figuren stehen teilweise bis zur Hüfte im Wasser. Dort spiegeln sich auch die Farben des Regenbogens und das Gesicht der Gestalt im Mittelbild des Hungertuches.
Das Bild erscheint wie in Wasser getaucht, ein Hinweis auf das lebendige Wasser, das Christus der Frau am Jakobsbrunnen verspricht: „Wer von dem Wasser trinkt, das ich ihm geben werde, wird niemals mehr Durst haben" (Joh 4,14). Für den Maler wiederholt sich das Wunder vom Betesda-Teich. Wunder geschehen dort, wo sich Menschen gegenseitig stützen und helfen. Das Betesda-Motiv ist ein Bild mitmenschlicher Solidarität, gleichzeitig ein österliches Bild. Auf Christus sind wir getauft zu einem neuen Leben und zu einem neuen Wandel (Röm 6,1–14).

Der Schmerzensmann 5

Das Mittelbild tut weh. Ein gequälter Leidenskörper hängt vor der blauschwarzen Finsternis. Der Kopf ist nach hinten gefallen: ein gesichts- und namenloser Mensch. Das Leichengrün erinnert an den Christus des Isenheimer Altars. Der Künstler zeigt mit dem Schmerzensmann das wahre Ausmaß des Leidens dieser Welt.
Ist dieser geschundene Mensch nicht ein Symbol dafür, wie die Mächte dieser Welt, für die die Ordnung der Wölfe gilt und nur die Spirale der Gewalt zählt, wie sie den Menschen gering achten? Pilatus zeigt den gefolterten Jesus dem Volk und sagt: „Da, der Mensch" (Joh 19,5). Dieser Satz gibt einen Hinweis auf den Kerngehalt des Christentums: In den leidenden und ausgegrenzten Menschen sehen wir den leidenden Gottessohn. Bei Deuterojesaia wird mit dem misshandelten „Gottesknecht" eine Perspektive der Hoffnung ins Spiel gebracht: „Er hat unsere Krankheit getragen und unsere Schmerzen auf sich geladen … Zu unserem Heil lag die Strafe auf ihm, durch seine Wunden sind wir geheilt" (Jes 53,4 f.).

aus: Erwin Mock, Erläuterungen zum Misereor Hungertuch „Hoffnung den Ausgegrenzten".

M 3

Im Gekreuzigten, in den Gekreuzigten erscheint uns Gottes Gnade,
Gottes Stärke, Gottes Treue.
Durch die Gekreuzigten kommt allemal ans Licht, wie Gott ist – wehrlos und selbstlos.
„Mein Herr und mein Gott!"
Gott – bis in den Tod – in die Menschen verliebt.
Durch sie kommt allemal ans Licht,
wie jede und jeder von uns sein könnte:
Ein Mensch aus Gott, ein Freund des Lebens, ein Licht,
einer, der nicht aus Eigennutz gelebt,
und nicht vergeblich, fruchtlos, sondern vollendet stirbt.
Wo der Gott des Lebens wirkt, verliert jeder Tod seine Macht.
Tod, wo ist dein Sieg?
Menschen, die keine Angst vor dem Tod mehr haben,
sind auch nicht mehr beherrschbar.
Sie fürchten eher das Unrecht als den Tod; wollen eher Unrecht erleiden als Unrecht tun.

Sie werden den Aufstand Gottes mit Kopf, Hand und Fuß fortsetzen.
Aus dem Geist der Gekreuzigten haben wir alle empfangen,
Gnade um Gnade,
dass wir neue Hände haben,
Hände, die nicht töten können,
Hände, die zärtlich alles tragen, was lebt,
Gottes Hände, die Leben schaffen.
Es sind die entdeckenden Hände des Kindes,
die zärtlich-liebkosenden Hände der Frauen,
die zärtlich-liebkosenden Hände der Männer.
Es sind die rauen Hände von Bauern,
die schwarzen Hände der Kumpels,
die zerstochenen Hände der Näherinnen in den Maquilas von Guatemala,
die erlahmenden Hände der Schmerzensmütter von Grosny und Sarajevo,
von Ruanda und Chiapas.
Alles tun diese Hände, nur nicht töten.
Aus Nichts erschaffen sie, was ist.
Den Tod bekämpfen sie mit Zärtlichkeit.
Den Hass verwandeln sie in Liebe.
Frieden säen sie, um Leben zu ernten.
Das nennen wir Auferstehung.

Norbert Arntz

aus: Erwin Mock (Hrsg.), Hoffnung den Ausgegrenzten. Das Hungertuch von Sieger Köder.

M 1

M 2

Liebe

Vier Dimensionen

Ganzheit
Lieben heißt ganz sein
[…]

Vertrauen
Lieben heißt
Heimat haben
Trost
Verlässlichkeit
[…]

Ekstase
Lieben heißt
sich selbst verlieben
Lust, am Leben zu sein
Gegenseitigkeit
[…]

Solidarität
Lieben heißt Erkennen
Keine Trennung von Liebe und
Gerechtigkeit
[…]

aus: Dorothee Sölle, Lieben und arbeiten. © Kreuz Verlag, Stuttgart 1986

M 1

17 Jahre: Der erste Kuss.

19 Jahre: Das erste Auto.

26 Jahre: Der erste Job.

42 Jahre: Der erste Porsche.

Ist es nicht schön,
dass das Leben nach oben offen ist?

(aus einer Autowerbung)

aus: Kick, fun & thrill. Arbeitsgemeinschaft der ev. Jugend in Niedersachsen (aejn), Hannover

M 2

Was bedeutet Liebe?

Liebe ist nur ein Wort, das man nur so hinsagen kann, oder man fühlt die wahre, heiße Liebe. Doch was bedeutet Liebe wirklich? Kann es jemals irgend jemand erklären, zeigen oder mit Worten beschreiben? Viele von uns behaupten, sie könnten die Liebe beschreiben, sie sogar fühlen, und doch ist unser Herz leer, es gibt nicht mal einen einzigen Funken Liebe darin. Warum, fragen sich viele von uns. Doch keiner in diesem Raum oder da draußen kann es beantworten.

Wenn Jugendliche glauben, verliebt zu sein, beschreiben sie die Liebe so: Es kribbelt im Bauch; es wird dem einen oder anderen schwindlig, vielleicht auch „rot" vor Augen; man glaubt von einem Blitz oder Pfeil getroffen zu sein; man fühlt den siebten Himmel, doch gibt es diesen überhaupt?

Es heißt: „Weihnachten ist das Fest der Liebe." Doch ich frage mich, ob es wirklich so ist.

Die Erwachsenen sagen meistens: Liebe bedeutet zueinander stehen, einander helfen, vertrauen, Verantwortung tragen, Geborgenheit geben, fühlen und zurückbekommen. Doch sind all diese Dinge wirklich die Liebe, die wir glauben zu kennen?

Schon das Wort „Liebe" kann uns blind machen, dass wir all das, was um uns geschieht, mit völlig anderen Augen sehen. Liebe kann uns verletzen, der Riss, der dadurch entstehen kann, kann tief und schmerzhaft sein, und ob er verheilen wird, wissen wir nicht.

Warum kann diese Liebe uns Freude und im nächsten Augenblick Trauer und Kummer bereiten? Warum? Immer wieder taucht diese Frage auf. Wer kann auf diese Frage eine ausführliche und verständliche Antwort geben? In der Bibel steht: „Liebe deinen Nächsten wie dich selbst." Doch wie kann man seinen Nächsten lieben, wenn man nicht einmal sich selbst leiden kann; sei es die Frisur, das Aussehen oder auch die Figur. Wir Menschen sind selbstsüchtig: Hauptsache ich, der Rest der Welt interessiert mich nicht.

Warum sind wir so kalt wie der Nordpol und sind nicht die Menschen, die Gott in uns sehen will? Warum können wir nicht so sein wie Jesus Christus es war und ist? Er war und ist die einzig lebendige Liebe. Doch das ist nicht nur die Vergangenheit oder leeres Gerede, was in dem Buch der Bücher festgehalten ist und wonach wir uns richten, woran wir glauben und worüber wir immer wieder Lieder singen und in Büchern lesen.

Werden wir selbst diese Liebe erfahren und können wir diese Liebe erfahrbar machen in unserer kalten, oft lieblosen Welt?

Lilli Minderlen
Klasse 10 a
Lotte-Kestner-Realschule

aus: Hannoversche Allgemeine Zeitung, 29.04.1997

M 3 Sally und Joe – ein Märchen

Es war einmal ein Mädchen, das hieß Sally. Sally hatte eine Mama, die hieß Meg, und einen Papa, der hieß Pete. Meg und Pete liebten Sally sehr und wollten nur ihr Bestes. [...]
Nun waren Meg und Pete intelligente und gut aussehende Menschen. Sie versuchten so gut sie konnten, Sally beizubringen, wie man lebt. Sally wusste, dass sie für sie sorgten und sie war ihnen dankbar und glaubte alles, was man ihr sagte. Immer, wenn Pete und Meg mit Sally über das Glück redeten, hörte Sally Folgendes:
Du kannst nur glücklich sein, wenn du verheiratet bist. Keiner wird dich heiraten, wenn du nicht gut bist. Du bist nicht gut, wenn du sexuell erfahren bist. Vor der Ehe ist Sex unangenehm und unschicklich. (Wie es nach der Heirat ist, sagten sie nicht.)
Wenn ein Mann dich liebt, wird er dich heiraten und nie böse auf dich sein und immer lächeln.
Und du wirst den Rest deines Lebens glücklich sein. Noch glücklicher wirst du sein, wenn du einige Kinder hast, die genauso sein werden, wie du sie haben willst.
Sally wollte wirklich geliebt werden, und sie meinte, der Rat ihrer Eltern sei sehr vernünftig. Jedes Mal, wenn sie einen Mann kennen lernte, fragte sie sich, ob er der Mann wäre, den sie heiraten würde und ob er sie wirklich liebe; doch sobald der Mann begann, sexuell intim zu werden, brach sie in Panik aus, denn das bedeutete ja, dass er sie nicht respektierte und sie nicht für ehewürdig hielt. Eines Tages lernte Sally Joe kennen, einen netten jungen Mann. Joe, ein Hochschulabsolvent, stand am Anfang einer sicherlich erfolgversprechenden Karriere und er liebte Kinder. Er mochte Sally auch. Sie verliebten sich.
Ebenso wie Sallys Eltern liebten Joes Eltern Joe sehr und wollten nur das Beste für ihn. [...] Ihre Vorstellung davon, was das Beste sei, unterschied sich etwas von der Vorstellung, die Sallys Eltern hatten. Sie meinten, ihr Junge solle so lange wie möglich frei bleiben und sich erst häuslich niederlassen, nachdem er alle Möglichkeiten der Welt ausgekostet habe. Dann wäre er bereit zu heiraten und Kinder zu haben. Was Joe da eingetrichtert wurde, war:
Bleibe frei so lange wie möglich. Du musst nicht heiraten, um Sex genießen zu können. Du hast nicht gelebt, ehe du keine sexuellen Erfahrungen gemacht hast. Vor der Ehe ist Sex gut und aufregend. (Wie es nach der Heirat ist, sagten sie nicht.) Eines Tages wirst du die perfekte Frau zum Heiraten finden. Sie wird immer lächeln und nie böse auf dich sein. Und du wirst den Rest deines Lebens glücklich sein. Noch glücklicher wirst du sein, wenn du einige Kinder hast, die genauso sein werden, wie du sie haben willst.

aus: Religion in Beruf und Alltag. © Gehlen Verlag, Bad Homburg 1997, S. 127

M 4 Aus den Tagebüchern von Klaus und Monika

Klaus	**Monika**
Mutter hat mich wieder ausgemotzt. Dabei war ich unschuldig. Weil aus Versehen eine Schüssel zu Bruch ging, hat sie mir eine runtergehauen. Was sich die Großen erlauben! So eine Ungerechtigkeit schreit zum Himmel.	Klaus kam in mein Zimmer. Er hatte wohl Ärger mit Mutter. „Hast du meinen Spitzer?“ schreit er mich an. Gerade will ich ihm sagen: „Den hat Vater gestern aus Versehen hier hingelegt“, da hat er mir schon eine runtergehauen. Was der sich erlaubt, nur weil er etwas größer ist! So was Ungerechtes! Das schreit zum Himmel!
Vater hat einen Autoreifen gewechselt. Da hab ich schon oft zugesehen. Ich wollte es ganz alleine machen, aber Vater hat mich nicht rangelassen. Er hält mich wohl für zu klein. Dann musste Vater ins Haus ans Telefon. Als er wiederkam, hatte ich alles fertig. Hat der gestaunt!	Eine Matheaufgabe war zu schwer. Da bin ich zu Klaus gegangen. Er hat mich von der Seite angesehen. „Hab heute meinen guten Tag!“ Er hat die Aufgabe schnell selbst gelöst. Jetzt ist die Aufgabe zwar fertig, aber ich habe nichts gelernt. Beim nächsten Mal muss ich wieder einen fragen. Warum hält er mich für so klein?
Die Anne aus der Nachbarklasse. Ich weiß nicht, irgendwie gefällt sie mir. Sie ist so anders. Nicht so affig wie die anderen Mädchen. Heute morgen hat sie mich etwas länger angeschaut. Ob sie meine Gedanken erraten hat? Hoffentlich! – Nein! Das darf keiner erfahren. Nie!!	Seit ungefähr drei Wochen ist Dieter hinter mir her. Ich finde das blöd. Mir ist das ganz unangenehm, wenn er nach der Stunde auf mich wartet, wenn wir „zufällig“ ein Stück den gleichen Weg haben. Gestern hat einer an die Tafel gekritzelt: „Monika geht mit Dieter!“ Ich bin rot geworden. Aber beim Mittagessen kam es noch schlimmer. Klaus setzt sich hin und sagt spöttisch: „Na, wie geht es denn deinem Dieter?“ Mutter hat mich angeguckt. Ich fand das richtig gemein!

aus: Willi Hoffsümmer, Starthilfen für dich. Matthias-Grünewald-Verlag, Mainz 1978

M 5

Markt der Werte

Lies die unten aufgelisteten Werte in Ruhe durch und wähle dann fünf aus, die für dich in einer Partnerschaft/Ehe am wichtigsten wären.
Wenn es dir möglich ist, bringe auch die restlichen Werte in eine Reihenfolge, die ihre Wichtigkeit für dich angeben.

Ausdauer	Gelassenheit	Liebe	Sicherheit
Beruf	Gerechtigkeit	Mut	Treue
Familie	Glaube	Fantasie	Verantwortung
Freude	Gleichheit	Reichtum	Vernunft
Freiheit	Glück	Selbstbeherrschung	Vertrauen
Freunde	Hoffnung	Selbstständigkeit	Willensstärke
Frieden	Humor	Sexualität	Zärtlichkeit
Gefühl	Kinder		

Die fünf für mich wichtigsten Werte sind:

1. ____________________, weil ______________________________

____

____

2. ____________________, weil ______________________________

____

____

3. ____________________, weil ______________________________

____

____

4. ____________________, weil ______________________________

____

____

5. ____________________, weil ______________________________

____

____

Die Autoren

M 1

Das Reich der Liebe

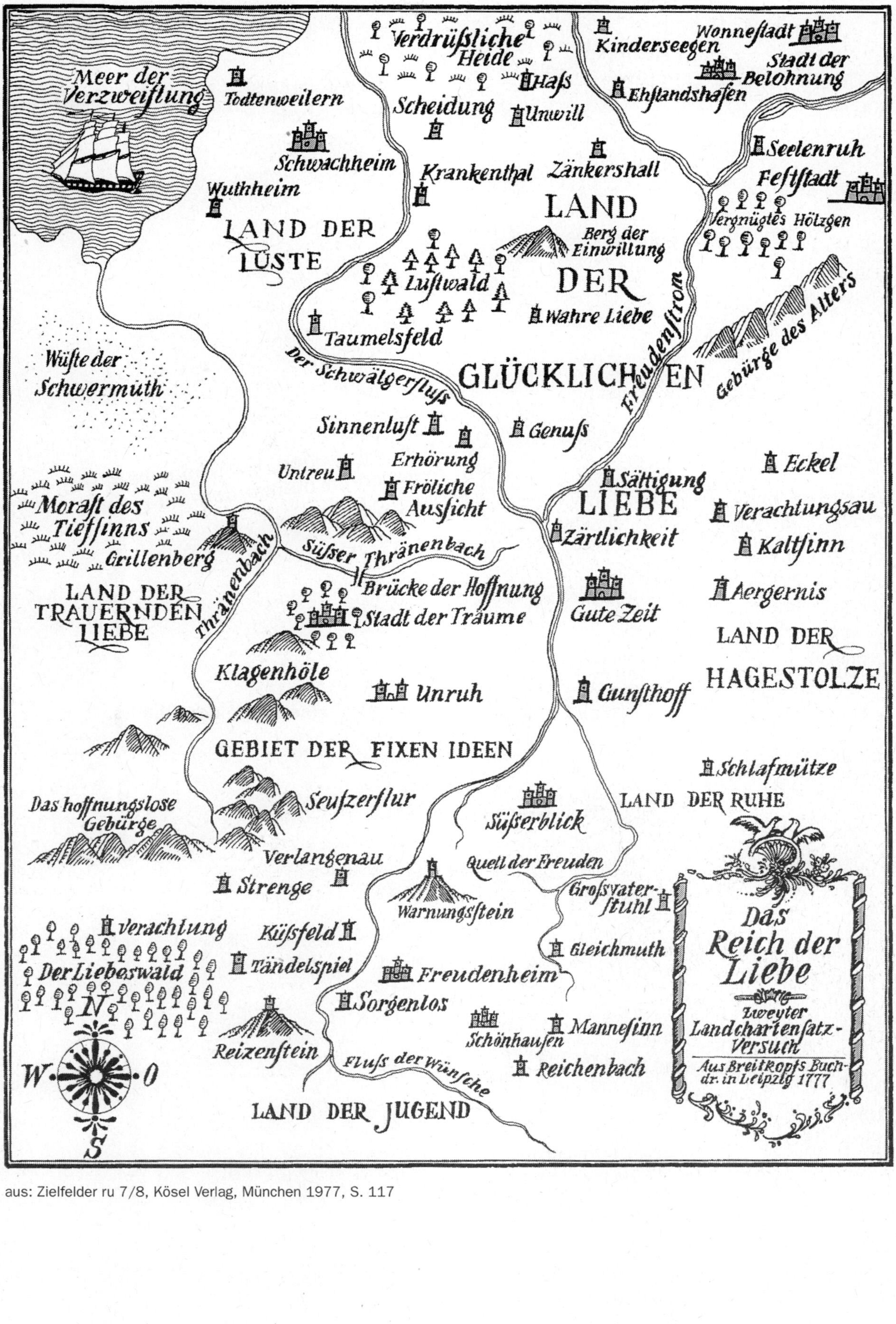

aus: Zielfelder ru 7/8, Kösel Verlag, München 1977, S. 117

M 2

Sprichwörter aus verschiedenen Ländern

Ein Mann ohne Frau ist eine Küche ohne Feuer, ein Schiff ohne Kiel, ein Leib ohne Seele.
(Niederlande)

Eine Frau ohne Mann ist eine Frau ohne Seele.
(Niederlande)

Die Frau ist wie eine Krawatte, erst findet man sie schön, dann hat man sie am Hals.
(Luxemburg)

Griechische Frauen zählen (ihr Lebensalter) ab ihrem Hochzeitstag, nicht ab ihrem Geburtstag.
(Griechenland)

In den Krieg ziehen, das Meer befahren und heiraten ist niemandem zu raten.
(Spanien)

Willst du einen Tag glücklich sein, lies ein Buch
Willst du ein Jahr glücklich sein, heirate
Willst du ein Leben lang glücklich sein, werde Gärtner
(Spanien)

Die Melone und die Ehe, eine Frage des Glücks.
(Katalonien, Frankreich)

Die Ehe ist wie eine Aalreuse: Wer darin sitzt, will heraus, wer draußen ist, will hinein.
(Dänemark)

Frauen – die armen Geschöpfe, Gott segne sie– heiraten, weil sie zu schüchtern sind, um nein zu sagen.
(Irland)

Die Perlen, die die Braut an ihrem Hochzeitstag trägt, sind die Tränen, die sie noch vergießen wird.
(Spanien)

Die Hochzeit wurde für den Mann gemacht, aber die Frau wurde für die Hochzeit gemacht.
(England)

aus: Mineke Schipper (Hrsg.), Eine gute Frau hat keinen Kopf. Übersetzung von Jörg Schilling / Rainer Täubrich. © der deutschsprachigen Ausgabe: Deutscher Taschenbuchverlag, München 1996

M 1

„Sie sind nur nichts Gutes gewöhnt!“

Als neulich unsere Frauenbrigade im Espresso am Alex Kapuziner trank, betrat ein Mann das Etablissement, der meinen Augen wohltat. Ich pfiff also eine Tonleiter 'rauf und 'runter und sah mir den Herrn an, auch 'rauf und 'runter. Als er an unserem Tisch vorbeiging, sagte ich „Donnerwetter“. Dann unterhielt sich unsere Brigade über seine Füße, denen Socken fehlten, den Taillenumfang schätzten wir auf siebzig. Alter auf zweiunddreißig, das Exquisithemd zeichnete die Schulterblätter ab, was auf Hagerkeit schließen ließ, schmale Schädelform mit 'rausragenden Ohren, stumpfes Haar, das irgendein hinterwäldlerischer Friseur im Nacken rasiert hatte, wodurch die Perücke nicht bis zum Hemdkragen reichte, was meine Spezialität ist. Wegen schlechter Haltung der schönen Schultern riet ich zum Rudersport.
Da der Herr in der Ecke des Lokals Platz genommen hatte, mußten wir sehr laut sprechen. Ich ließ ihm und mir einen doppelten Wodka servieren und prostete ihm zu, als er der Bedienung ein Versehen anlasten wollte. Später ging ich zu seinem Tisch, entschuldigte mich, sagte, daß wir uns von irgendwoher kennen müßten, und besetzte den nächsten Stuhl. Ich nötigte dem Herrn die Getränkekarte auf und fragte nach seinen Wünschen. Da er keine hatte, drückte ich meine Knie gegen seine, bestellte drei Lagen Slivovic und drohte mit Vergeltung für den Beleidigungsfall, der einträte, wenn er nicht tränke. Obgleich der Herr weder dankbar noch kurzweilig war, sondern wortlos, bezahlte ich alles und begleitete ihn aus dem Lokal. In der Tür ließ ich meine Hand wie zufällig über seine Hinterbacken gleiten, um zu prüfen, ob die Gewebestruktur in Ordnung war. Da ich keine Mängel feststellen konnte, fragte ich den Herrn, ob er heute abend etwas vorhätte und lud ihn ein ins Kino International. Eine innere Anstrengung, die zunehmend sein hübsches Gesicht zeichnete, verzerrte es jetzt grimassenhaft, konnte die Verblüffung aber doch endlich lösen und die Zunge, also daß der Herr sprach: „Hören Sie mal, Sie haben ja unerhörte Umgangsformen.“ – „Gewöhnliche“, entgegnete ich. „Sie sind nur nichts Gutes gewöhnt, weil Sie keine Dame sind.“

aus: Irmtraud Morgner, Leben und Abenteuer der Trobadora Beatriz nach Zeugnissen ihrer Spielfrau Laura. © by Aufbau-Verlag, Berlin und Weimar 1974. Seit 1991 alle Rechte bei Luchterhand Literaturverlag, München, S. 100

M 2

aus: „Sex und so...“. PRO FAMILIA Landesverband Niedersachsen, Hannover, S. 36 f.

M 3

SEXUALKUNDE VON DER SILBERSCHEIBE

➢ **PECH MIT PIA:**

Beim Baggern in der Disco holt sich der ungestüme Stefan eine Abfuhr. Macht nichts – der nächste Flirt ist nur ein paar Mausklicks entfernt: Mit Rollenspielen und guten Ratschlägen gibt die CD-ROM „Love Line“ Nachhilfe in Sexualkunde.

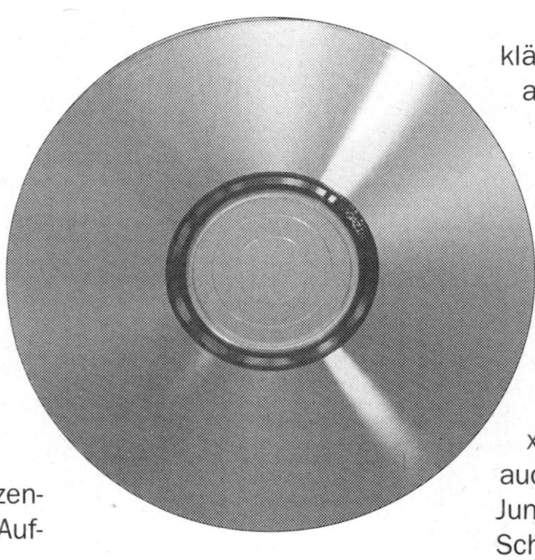

Finanziert von der Bundeszentrale für gesundheitliche Aufklärung, soll die Scheibe vor allem Defizite ausgleichen: 13 Prozent der Mädchen und 21 Prozent der Jungen haben niemanden, um über sexuelle Fragen zu sprechen, hat die Zentrale ermittelt. Ihre CD für 14- bis 18-Jährige erklärt deshalb nicht nur – erfreulich unverkrampft – die Sexualität, sondern trainiert auch das Rollenverhalten. Ab Juni wird sie unter anderem an Schulen kostenlos verteilt.

aus: FOCUS 22/1997, S. 168

M 4

„Die besten Tipps zur Anmache!“

Tipp zur Anmache von Schüchternen

Woran man Schüchterne erkennt

Outfit	etwas daneben
Auftreten	sprachlos
Spruch	„...“
Buch	„Erfolg durch Selbstbewusstsein“
Wie man Schüchterne anmacht	Dauernd bewundernd anlächeln, vorsichtig den Köder auslegen. Viel, viel Zeit lassen. Keine Möglichkeit geben, rot zu werden.

Tipp zur Anmache von Frechen

Woran man Freche erkennt

Outfit	zeitlose Jeans, T-Shirt
Auftreten	immer ganz direkt
Spruch	„Willkommen in meinem Leben!“
Buch	„Hoppla, jetzt komm' ich“
Wie man Freche anmacht	Eigentlich sinnlos, denn das macht er oder sie selber (besser)!

Tipp zur Anmache von Ausgeflippten

Woran man Ausgeflippte erkennt

Outfit	wie auch immer – nur nicht normal
Auftreten	wie auch immer – nur nicht normal
Spruch	„Ein Kerl, den alle Menschen hassen, der muss was sein.“ (Goethe)
Buch	„Der Wahnsinn der Normalität“
Wie man Ausgeflippte anmacht	Liebe ihn oder sie. Und du wirst lebenslang lustige Erinnerungen haben.

Tipp zur Anmache von Geistreichen

Woran man Geistreiche erkennt

Outfit	dezent
Auftreten	herablassende Überheblichkeit
Spruch	lehnt selbstverständlich alle Sprüche ab
Buch	„Genie im Alltag“
Wie man Geistreiche anmacht	Stell dich dümmer, als du bist. Zeige Mutterwitz und naive Sinnlichkeit. Das haut sie oder ihn um. Immer.

Tipp zur Anmache von Wehleidigen

Woran man Wehleidige erkennt

Outfit	von Mama ausgesucht
Auftreten	wehleidig
Spruch	„Mich versteht ja doch keiner.“
Buch	„Anleitung zum Unglücklichsein“
Wie man Wehleidige anmacht	Vergiss es!

Tipp zur Anmache von Schönen

Woran man Schöne erkennt

Outfit	trendy
Auftreten	schön
Spruch	„Oh – wie schön.“
Buch	„Ich liebe mich, so wie ich bin.“
Wie man Schöne anmacht	Bewunderung, Bewunderung und noch einmal Bewunderung (als Schritt Nummer eins!). Für langfristige Beziehungen unbedingt die inneren Werte in die Bewunderung mit einbeziehen.

Tipp zur Anmache von Unnahbaren

Woran man Unnahbare erkennt

Outfit	distanziert
Auftreten	abgeklärt
Spruch	„Ich brauche niemanden.“
Buch	„Das Rätsel der Gefühle“
Wie man Unnahbare anmacht	Falle in Ohnmacht oder überrumple mit einem anderen Drama, das Nähe schafft. Wenn er oder sie nicht anbeißt: Wende dich erfolgversprechenderen Partnern zu.

Tipp zur Anmache von Übersinnlichen

Woran man Übersinnliche erkennt

Outfit	Naturfasern
Auftreten	stetiges Lächeln
Spruch	„Das muss ich erst einmal auspendeln.“
Buch	„Sprechfunk mit Verstorbenen“
Wie man Übersinnliche anmacht	Richte dich genau nach seinem oder ihrem Horoskop.

Tipp zur Anmache der oder des EINEN

Woran man die EINE oder den EINEN erkennt

Outfit	stimmt
Auftreten	stimmt
Spruch	stimmt
Buch	stimmt

Für alle, die mit den Tipps nichts anfangen können, hier der Generaltipp: Wenn es einen erwischt, sind sowieso alle Tipps überflüssig.

aus: Broschüre „... Nanu?“ – Von Liebe, Sex und Freundschaft. Bundeszentrale für gesundheitliche Aufklärung (Hrsg.), Köln, April 1994, S. 7

M 1

3 Des Nachts auf meinem Lager suchte ich ihn, / den meine Seele liebt. / Ich suchte ihn und fand ihn nicht.

2 Aufstehen will ich, die Stadt durchstreifen, / die Gassen und Plätze, / ihn suchen, den meine Seele liebt.

Ich suchte ihn und fand ihn nicht.

3 Mich fanden die Wächter / bei ihrer Runde durch die Stadt.

Habt ihr ihn gesehen, / den meine Seele liebt?

4 Kaum war ich an ihnen vorüber, / fand ich ihn, den meine Seele liebt.

Ich packte ihn, ließ ihn nicht mehr los, / bis ich ihn ins Haus meiner Mutter brachte, / in die Kammer derer, die mich geboren hat.

5 Bei den Gazellen und Hirschen der Flur / beschwöre ich euch, Jerusalems Töchter:

Stört die Liebe nicht auf, / weckt sie nicht, / bis es ihr selbst gefällt.

M 2

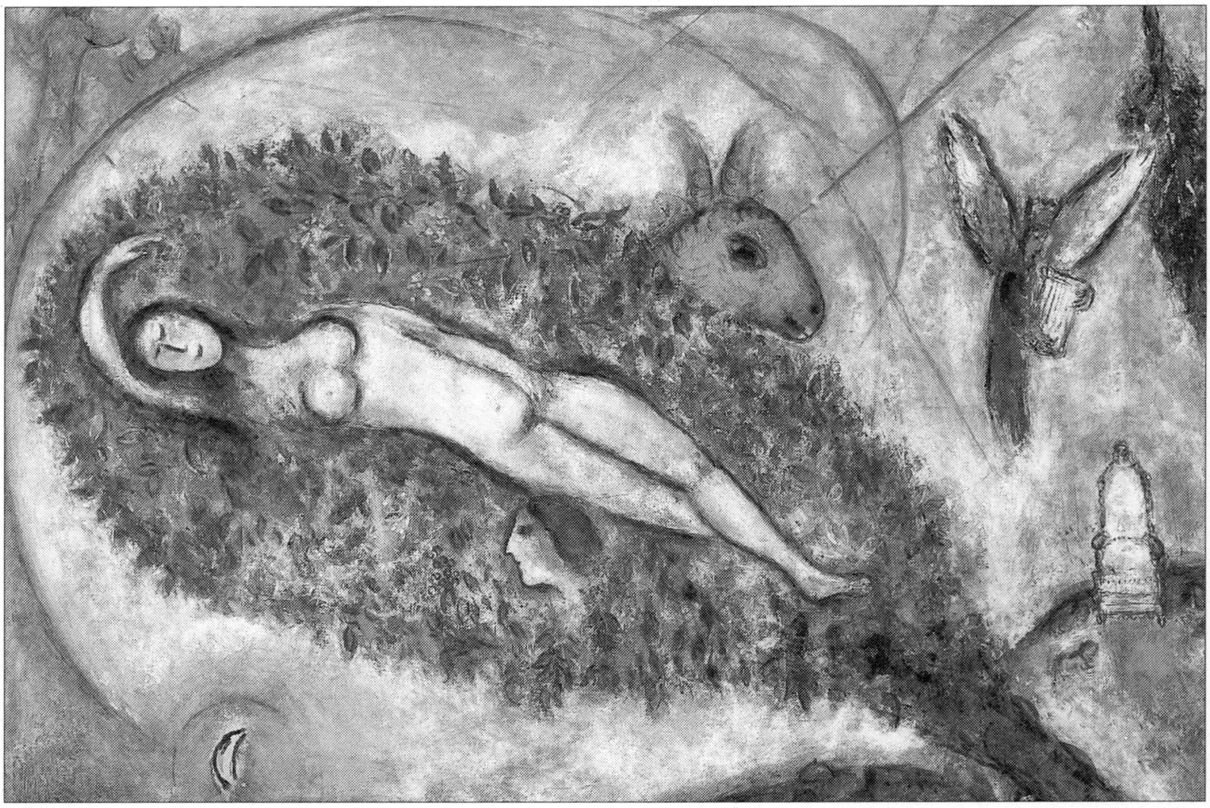

Message Biblique Marc Chagall, Nizza. Hohelied II.

M 1

Alligator-River

In einem fernen Land lebte ein Mädchen mit dem Namen Abigail. Sie liebte Gregor, einen jungen Mann, der auf der anderen Seite eines breiten Stromes lebte. In dem Fluss gab es eine Unmenge von Krokodilen, die oft am Ufer das Vieh ins Wasser zogen, wenn es zum Trinken kam, und gelegentlich auch Frauen und Kinder, die Wasser holten oder Wäsche wuschen. Abigail hatte große Sehnsucht, Gregor wiederzusehen. Leider hatte ein schweres Unwetter die schmale Brücke über den Fluss fortgespült.

Daher ging Abigail zu Sindbad, dem Fährmann, und bat ihn, sie überzusetzen. Sindbad war dazu bereit, stellte jedoch die Bedingung: „Du musst vorher mit mir schlafen." Das lehnte Abigail empört ab.

Sie lief zu einem Freund, Ivan mit Namen, um ihm von ihrer misslichen Lage zu erzählen. Ivan wollte jedoch mit der ganzen Sache nichts zu tun haben und schickte sie wieder fort.

Abigail, deren Sehnsucht nach Gregor überaus groß war, war klar, dass sie Sindbads Forderung annehmen musste, wenn sie zu Gregor kommen wollte. Sie ging zu Sindbad.

Sindbad hielt sein Versprechen und brachte sie ans andere Ufer.

Nachdem sich Abigail und Gregor zärtlich umarmt hatten, erzählte Abigail, was sich zwischen ihr und Sindbad zugetragen hatte. Voller Verachtung stieß Gregor sie zurück und schickte sie weg.

Unglücklich und enttäuscht lief Abigail zu Slug, einem anderen Freund, um ihm ihr Leid zu klagen. Slug hörte sich voller Mitleid die Geschichte an, ging empört zu Gregor und verprügelte ihn brutal.

Abigail war froh, als sie sah, dass Gregor das bekam, was er ihrer Meinung nach verdient hatte. Als die Sonne am Abend unterging, hörte man Abigail über Gregor lachen.

aus: Klaus Vopel/Bernhard Wilde, Glaube und Selbsterfahrung im Vaterunser.

M 2

Die beiden Heuhüpfer

Einmal haben zwei Heuhüpfer sich gezankt. Der eine hat gesagt: „Ich bin der beste Heuhüpfer! Ich kann viel höher hüpfen als du." Und er ist auf den hohen Baum gehüpft. Der andere hat gesagt: „Nein! Ich bin der beste Heuhüpfer! Ich kann viel weiter hüpfen als du." Und er ist mit einem riesigen Sprung über die ganze Wiese gehüpft. Der Heuhüpfer auf dem Baum hat geschrien: „Sieh mich! Sieh mich! Wie hoch ich hüpfen kann." Und der Heuhüpfer in der Wiese hat geschrien: „Sieh mich! Sieh mich! Wie weit ich hüpfen kann." Aber keiner hat den anderen gesehen und keiner hat den anderen gehört. Der eine hat viel zu hoch oben im Baum gesessen, und der andere hat viel zu weit weg im Gras gesessen. Den ganzen Tag haben sie geschrien und geschrien, und das war sehr langweilig. Am Abend ist der eine endlich wieder vom Baum gehüpft, und der andere ist endlich wieder über die Wiese zurückgehüpft.

Der eine hat gesagt: „Du bist der beste Weithüpfer!" Und der andere hat gesagt: „Du bist der beste Hochhüpfer!" Und sie waren wieder Freunde.

aus: Ursula Wölfel, 27 Suppengeschichten.

M 3

Wie löse ich Streitfälle?

so? **oder** **so?**

aus: „Betrifft Sexualität". Braunschweig 1977, S. 6 f. (verändert)

M 4 Das Schlüsselspiel: vergeben und vergessen?

I Herr Klamm

Es spielen mit:
Herr Klamm, 45 Jahre
Frau Klamm, 40 Jahre
Peter Klamm (Sohn von Herrn u. Frau Klamm), 18 Jahre,
Heidi Pfeifer, 17 Jahre, Peters Freundin
Harald Fein, 20 Jahre, Peters Freund

In der Nacht von Freitag auf Samstag ist Peter von der Polizei festgenommen worden. Er war in den Laden seiner Großmutter (Frau Klamms Mutter) eingestiegen, hatte die Kasse aufgebrochen und das Geld entnommen.
Am Freitagabend war Folgendes geschehen:
Herr Klamm hatte mit Peter wieder einmal einen großen Krach. Es ging um seine Freundin Heidi. Heidi ist seit einem Jahr mit Peter befreundet. Das gefällt Herrn Klamm gar nicht. Er findet das Mädchen albern, unreif und leichtsinnig. Er würde seinem Sohn eine bessere Frau wünschen als ausgerechnet Heidi. Aber Peter hört ja nicht auf ihn. Tausendmal hat er ihm schon klarmachen wollen, dass die Heidi nichts für ihn ist. Das Ergebnis war immer nur ein großer Krach. Wenn nur wenigstens seine Frau ihn unterstützen würde, aber die fällt im entscheidenden Moment immer um und hilft zu Peter. Es ist zum Auswachsen.
Am Freitagabend gab es also wieder einmal so einen Krach. Peter schrie Herrn Klamm an und war so unverschämt wie noch nie. Schließlich rannte er aus dem Haus und kam nicht wieder. Die Polizei berichtete später, dass Peter wegen des Einbruchs festgenommen ist und dass die Großmutter mit einem schweren Schock im Krankenhaus liegt.

II Frau Klamm

Es spielen mit:
Herr Klamm, 45 Jahre
Frau Klamm, 40 Jahre
Peter Klamm (Sohn von Herrn u. Frau Klamm), 18 Jahre,
Heidi Pfeifer, 17 Jahre, Peters Freundin
Harald Fein, 20 Jahre, Peters Freund

In der Nacht von Freitag auf Samstag ist Peter von der Polizei festgenommen worden. Er war in den Laden seiner Großmutter (Frau Klamms Mutter) eingestiegen, hatte die Kasse aufgebrochen und das Geld entnommen. Die Großmutter hat ihn dabei erwischt und durch den Schrecken einen Schock erlitten. Jetzt liegt sie im Krankenhaus. Sie war vorher schon herzleidend und man muss befürchten, dass sie stirbt. Frau Klamm kann es nicht fassen, dass Peter ihrer Mutter das angetan hat. Bis jetzt bringt sie es noch nicht fertig, Peter in der Haft zu besuchen.
Am Freitagabend war Folgendes geschehen: Peter hatte einen großen Krach mit seinem Vater. Es ging, wie immer, um Heidi, Peters Freundin. Die beiden kennen sich seit einem Jahr. Aber der Vater hat dieses Mädchen nie leiden können. Er versuchte immer wieder, Peter von ihr abzubringen. Aber Peter blieb stur und so gab es dann meistens einen Krach. Frau Klamm hat dabei immer versucht, zwischen Vater und Sohn zu vermitteln, einmal den einen zu verstehen und einmal den anderen, aber das half nicht. Oft wurde sie dann von allen beiden angeschrien. Immer, wenn Heidi zu Besuch kam, hatte sie schreckliche Angst, dass ihr Mann das Mädchen beleidigen könnte. Bis jetzt waren diese Besuche zwar ohne offenen Krach verlaufen, aber oft war es nahe daran gewesen. Am Freitagabend wusste Frau Klamm, dass Heidi kommen wollte, um Peter abzuholen. Vater und Sohn schrien sich an und waren so erregt, dass Frau Klamm noch mehr Angst bekam: Wenn das Mädchen jetzt hereinkommt, wird sich mein Mann sicher nicht mehr beherrschen können, dachte sie. Als Heidi läutete, lief sie ihr zur Haustür entgegen, ließ sie gar nicht erst eintreten, sondern sagte: Peter ist nicht zuhause. Er ist weggegangen. Ihrem Mann und Peter sagte sie davon nichts. Ein paar Minuten später rannte Peter wütend aus dem Haus. Von der Polizei erfuhr sie am anderen Morgen, was er getan hatte.

M 4 (Fortsetzung)

III Peter

Es spielen mit:
Herr Klamm, 45 Jahre
Frau Klamm, 40 Jahre
Peter Klamm (Sohn von Herrn u. Frau Klamm), 18 Jahre,
Heidi Pfeifer, 17 Jahre, Peters Freundin
Harald Fein, 20 Jahre, Peters Freund

In der Nacht von Freitag auf Samstag ist Peter von der Polizei festgenommen worden. Er war in den Laden seiner Großmutter (Frau Klamms Mutter) eingestiegen, hatte die Kasse aufgebrochen und das Geld entnommen.
Vorher war Folgendes geschehen:
Peter ist seit einem Jahr mit Heidi befreundet. Beide hatten vor, später einmal zu heiraten. Peters Vater aber konnte das Mädchen nicht leiden. Ständig hatte er etwas an ihr auszusetzen: Sie sei albern, unreif, leichtsinnig usw. Peter ärgert das natürlich und er wehrt sich energisch gegen diese Vorwürfe. Darum gibt es oft Krach mit dem Vater. Die Mutter versucht immer, den Streit zu schlichten, aber bei ihr weiß man nie, zu wem sie eigentlich hält. Einmal hilft sie zu ihrem Mann, dann wieder zu Peter.
Am Freitag wollte Peter mit Heidi ins Kino gehen. Sie hatten ausgemacht, dass Heidi vorher zu Peter in die Wohnung kommt. An diesem Abend – Heidi war noch nicht gekommen – fing der Vater wieder einmal über sie zu meckern an. Peter bekam eine Wut und schrie den Vater an. Es gab einen Riesenkrach. Schließlich rannte Peter wütend aus dem Haus. Er wollte auf der Straße auf Heidi warten. Aber sie kam nicht. Schließlich kam ein Bekannter vorbei, der erzählte ihm: Ich habe Heidi gesehen. Sie saß neben Harald in seinem schicken Sportwagen.
Harald ist ein Freund von Peter. Er hat einen reichen Vater und kann sich deswegen den Wagen leisten. Peter hat schon lange auf ein Auto gespart, aber noch nicht alles Geld beisammen. Er wusste, dass Harald die Heidi ganz gern sieht. Nun war sie also mit ihm weggefahren. Voller Wut und Enttäuschung lief Peter stundenlang durch die Straßen. Plötzlich stand er vor dem kleinen Laden, der seiner Großmutter gehört. Er verlor die Nerven. Er schlug das Fenster ein und stieg ein. Er wusste, wo die Kasse ist. Er brach sie auf, nahm alles Geld heraus. Vielleicht reicht es, um das Auto zu kaufen.
Da hörte er plötzlich hinter sich ein Geräusch. Blindlings haute er ab. Draußen hörte er die Polizeisirene. Er warf das Geld unter einen Busch und rannte. Ein Polizist packte ihn und führte ihn ab.

IV Harald

Es spielen mit:
Herr Klamm, 45 Jahre
Frau Klamm, 40 Jahre
Peter Klamm (Sohn von Herrn u. Frau Klamm), 18 Jahre,
Heidi Pfeifer, 17 Jahre, Peters Freundin
Harald Fein, 20 Jahre, Peters Freund

Harald stammt aus einer reichen Familie und kann sich deswegen einen modernen Sportwagen leisten, auf den er sehr stolz ist. Er kennt Peter und seine Freundin Heidi. Harald war gelegentlich ein bisschen in Heidi verliebt, aber er wusste, dass sie eng mit Peter befreundet war und dass die beiden später heiraten wollten. Am Freitagabend fuhr er mit seinem Wagen so durch die Straßen und sah Heidi mit einem traurigen Gesicht daherkommen. Er fragte sie, ob sie nicht ein bisschen mitfahren wollte. Sie stieg ein und sie fuhren zu einem netten Lokal. Dort erzählte ihm die Heidi, was sie so niedergeschlagen machte: Einmal waren Peters Eltern immer so abweisend zu ihr und jetzt hatte sie auch noch Peter selbst im Stich gelassen: Sie hatten ausgemacht, zusammen ins Kino zu gehen und als Heidi ihn abholen wollte, war er nicht da. Harald bekam Mitleid mit Heidi und hatte sie plötzlich wieder sehr gern. Er tröstete sie und sagte: Vielleicht ist der Peter doch nicht der Richtige für dich? Er erzählte ihr von seinen Eltern, dass sie viel netter und freundlicher sind, wenn er jemand mit nach Hause bringt. Heidi schien sich bei Harald sehr wohl zu fühlen. Als er sie nach Hause brachte, wünschte er sich sehr, sie öfter zu sehen.

M 4 (Fortsetzung)

V Heidi

Es spielen mit:
Herr Klamm, 45 Jahre
Frau Klamm, 40 Jahre
Peter Klamm (Sohn von Herrn u. Frau Klamm), 18 Jahre,
Heidi Pfeifer, 17 Jahre, Peters Freundin
Harald Fein, 20 Jahre, Peters Freund

Heidi ist seit einem Jahr mit Peter befreundet. Beide hatten vor, später einmal zu heiraten. Peters Eltern scheinen aber etwas dagegen zu haben. Immer wenn Heidi bei Peter zu Besuch war, spürte sie deutlich, dass sie nicht erwünscht war. Besonders Peters Vater war immer sehr kurz angebunden. Am Freitag wollte Heidi mit Peter ins Kino gehen. Sie hatten ausgemacht, dass Heidi vorher zu Peter in die Wohnung kommen sollte. Als sie zur verabredeten Zeit klingelte, kam Peters Mutter ihr unten an der Haustür entgegen. Sie sagte: Peter ist nicht zu Hause. Er ist weggegangen.
Heidi war ziemlich sauer. Es war doch ausgemacht! Wie sie die Straße entlanglief, hielt neben ihr ein moderner Sportwagen. Harald saß drin. Harald war mit Peter befreundet und konnte Heidi recht gut leiden. Er lud sie ein und sie fuhren ein Stück hinaus zu einem hübschen Lokal. Dort erzählte Heidi dem Harald ihren ganzen Kummer: Wie sie von Peters Eltern behandelt wurde und wie sie jetzt auch noch von Peter selbst versetzt worden war. Harald war sehr lieb zu ihr und tröstete sie. Er sagte: Vielleicht ist Peter doch nicht der Richtige für dich? und erzählte von seinen Eltern, die viel netter und freundlicher seien, wenn er jemand mit nach Hause bringt.
Der Heidi tat das alles sehr wohl, Harald war so nett und auch der Sportwagen, den er fährt, war eine Schau. Langsam überlegte sie sich, ob sie nicht wirklich mit Peter Schluss machen sollte.

VI

An Familie Klamm

Meine Lieben!

Ich möchte euch gern mitteilen, dass es mir seit heute früh wieder recht gut geht. Der Arzt meint, ich hätte das Schlimmste überstanden und werde bald wieder gesund sein. Ich habe gehört, dass Peter der Einbrecher gewesen ist. Wenn ich das gewusst hätte, hätte ich die Polizei nicht gerufen. Jetzt lässt sich leider eine Gerichtsverhandlung nicht mehr vermeiden, aber ich werde mich vor Gericht für Peter einsetzen, so gut ich kann. Denn sicher ist Peter nicht allein schuld an der dummen Geschichte. Und vielleicht ist sie für euch alle ein Anlass, einmal über all die Streitereien nachzudenken und euer Zusammenleben neu zu gestalten. Darüber wäre ich sehr glücklich und das wäre mir auch das Geld wert, das ich bis jetzt noch nicht zurückbekommen habe.

In der Hoffnung, dass wir uns bald alle wieder sehen, grüßt euch

eure Oma

aus: Hans Frör, Spielend bei der Sache (KT 58). Chr. Kaiser / Gütersloher Veragshaus, Gütersloh

M 1

Daniel bei den Eltern

Vater: Daniel, du bist schon wieder zu spät. Wo hast du dich wieder rumgetrieben?

Daniel: Nun hab dich man nicht so. Diese paar Minuten! Übrigens bin ich schon 18, mein eigener Herr. Habe keinen Bock mehr, mir was von dir sagen zu lassen.

Vater: So lange du deine Füße unter meinen Tisch setzt, gilt, was ich sage. Musst du immer Probleme machen? Schau auf deinen Bruder Lars, der ist immer pünktlich.

Mutter: Daniel, deine Pflichten werden immer mehr vernachlässigt.

Daniel: Ach lasst mich doch in Ruhe. Labert mich nicht dauernd voll. Das wissen wir ja: Lars ist in allem besser.

Vater: Werd nicht frech. Außerdem ist meine Frage damit nicht beantwortet. Und überhaupt dein Ton!

Daniel: Das kann euch doch egal sein, ihr kümmert euch doch sonst auch nur um Lars.

Vater: Wenn du das so siehst, hau doch ab und sieh zu, wie du alleine zurechtkommst.

Daniel: Na gut, wenn ihr meint. Euch kann's ja nur recht sein. Ich werd's euch zeigen, dass ich es auch ohne euch schaffe.

Mutter: Wart doch, das war nicht so gemeint. Da kann man doch auch vernünftig drüber reden.

Daniel: Mit euch kann man einfach nicht reden. Das ist sinnlos. Mir reichts. Ich packe meine Sachen und hau ab.

aus: Religion heute. Friedrich Verlag, Seelze, 21.03.1994, S. 65

M 2

So können die sich ändern!

Zu einem Mann, der recht klug war, kam einmal ein Junge und sagte: „Ich verstehe mich mit meinen Eltern nicht mehr. Jeden Tag Streit. Sie sind so rückständig. Sie haben keinen Sinn für Modernes. Was soll ich machen? Ich laufe aus dem Haus!"

Der Mann antwortete: „Junger Freund, ich kann dich gut verstehen. Als ich so alt war wie du, waren meine Eltern genauso ungebildet. Es war nicht auszuhalten. Aber du musst Geduld mit den alten Leuten haben. Sie entwickeln sich langsamer. Nach zehn Jahren hatten sie schon so viel dazugelernt, dass man sich schon ganz vernünftig mit ihnen unterhalten konnte.

Und was soll ich dir sagen? Heute, nach zwanzig Jahren – ob du es glaubst oder nicht – wenn ich keinen Rat weiß, dann frage ich meine alten Eltern. So können die sich ändern!"

aus: Willi Hoffsümmer (Hrsg.), 255 Kurzgeschichten. Matthias-Grünewald-Verlag, Mainz 1981

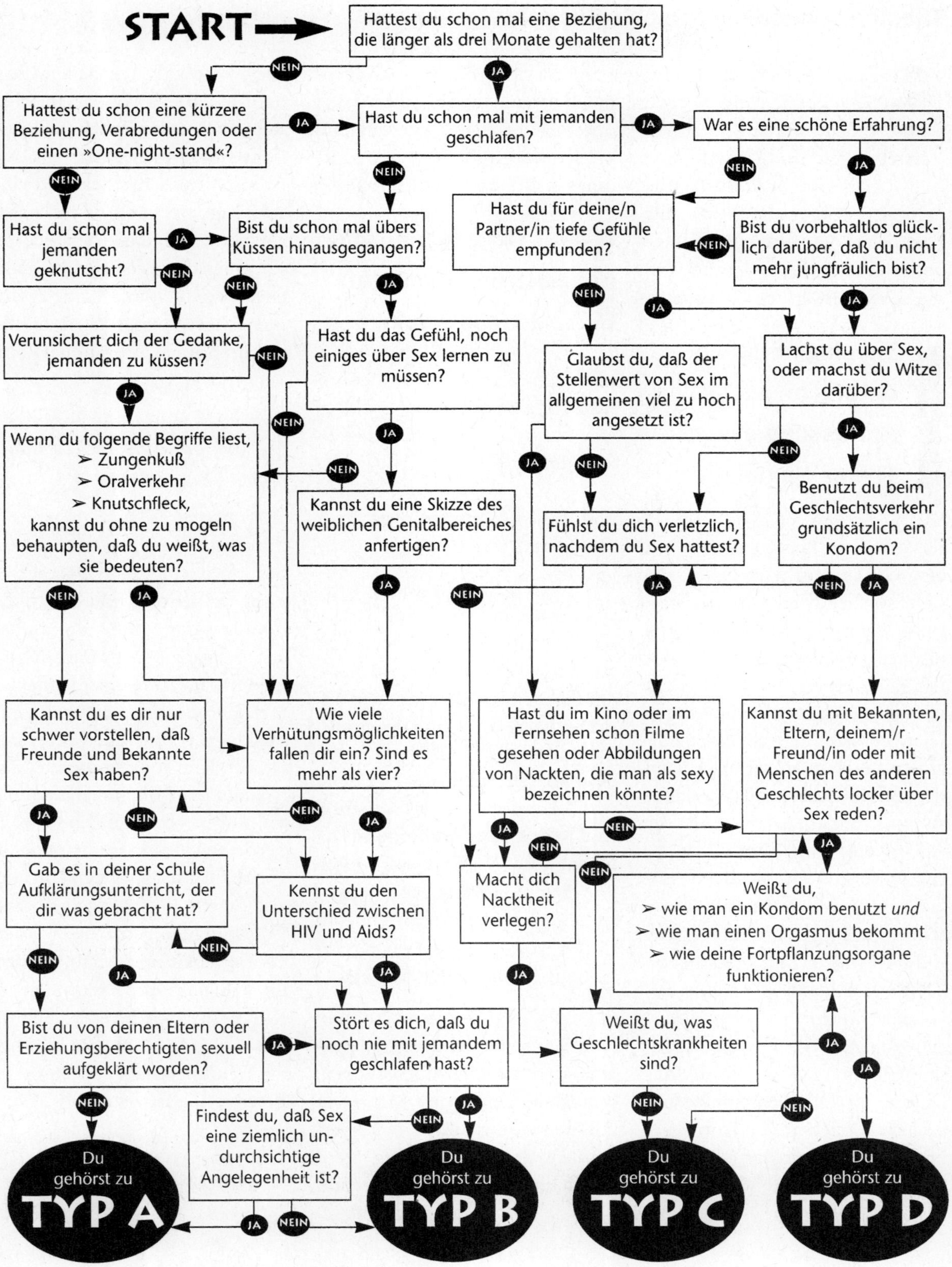
START
Hattest du schon mal eine Beziehung, die länger als drei Monate gehalten hat?
NEIN
JA
Hattest du schon eine kürzere Beziehung, Verabredungen oder einen »One-night-stand«?
Hast du schon mal mit jemanden geschlafen?
War es eine schöne Erfahrung?
Hast du schon mal jemanden geknutscht?
Bist du schon mal übers Küssen hinausgegangen?
Hast du für deine/n Partner/in tiefe Gefühle empfunden?
Bist du vorbehaltlos glücklich darüber, daß du nicht mehr jungfräulich bist?
Verunsichert dich der Gedanke, jemanden zu küssen?
Hast du das Gefühl, noch einiges über Sex lernen zu müssen?
Glaubst du, daß der Stellenwert von Sex im allgemeinen viel zu hoch angesetzt ist?
Lachst du über Sex, oder machst du Witze darüber?
Wenn du folgende Begriffe liest,
➢ Zungenkuß
➢ Oralverkehr
➢ Knutschfleck,
kannst du ohne zu mogeln behaupten, daß du weißt, was sie bedeuten?
Kannst du eine Skizze des weiblichen Genitalbereiches anfertigen?
Fühlst du dich verletzlich, nachdem du Sex hattest?
Benutzt du beim Geschlechtsverkehr grundsätzlich ein Kondom?
Kannst du es dir nur schwer vorstellen, daß Freunde und Bekannte Sex haben?
Wie viele Verhütungsmöglichkeiten fallen dir ein? Sind es mehr als vier?
Hast du im Kino oder im Fernsehen schon Filme gesehen oder Abbildungen von Nackten, die man als sexy bezeichnen könnte?
Kannst du mit Bekannten, Eltern, deinem/r Freund/in oder mit Menschen des anderen Geschlechts locker über Sex reden?
Gab es in deiner Schule Aufklärungsunterricht, der dir was gebracht hat?
Kennst du den Unterschied zwischen HIV und Aids?
Macht dich Nacktheit verlegen?
Weißt du,
➢ wie man ein Kondom benutzt *und*
➢ wie man einen Orgasmus bekommt
➢ wie deine Fortpflanzungsorgane funktionieren?
Bist du von deinen Eltern oder Erziehungsberechtigten sexuell aufgeklärt worden?
Stört es dich, daß du noch nie mit jemandem geschlafen hast?
Weißt du, was Geschlechtskrankheiten sind?
Findest du, daß Sex eine ziemlich undurchsichtige Angelegenheit ist?
Du gehörst zu TYP A
Du gehörst zu TYP B
Du gehörst zu TYP C
Du gehörst zu TYP D

M 1

Theologen haben unterschiedliche Auffassungen

Sexuelles Verhalten und Sexualerziehung werden von unseren religiösen Vorstellungen und moralischen Maßstäben mit beeinflusst. Bei manchen Menschen haben die kirchlichen Vorgaben und Richtlinien eine große Bedeutung für die Lebensgestaltung. Bei anderen

Theologen haben unterschiedliche Auffassungen zum Thema Sexualität

fließen diese eher beiläufig mit ein. Genauso gibt es Leute, die sich von der Kirche beziehungsweise dem christlichen Glauben distanzieren oder anderen Religionen nahe stehen.
Unabhängig von der jeweiligen Glaubensrichtung geht es bei religiösen Inhalten immer um Fragen der Sinngebung und Orientierung.
Auch unter christlichen Theologen gibt es unterschiedliche Auffassungen, wie Sexualität menschenwürdig gelehrt und gelebt werden soll. Vom christlichen Menschenbild aus gesehen ist die Geschlechtlichkeit Gabe und Aufgabe zugleich. Alles Leben, das gesamte Sein, gründet in Gottes Schöpfung. Die menschliche Geschlechtlichkeit ist von Gott gegeben und auf Gott hin ausgerichtet. Der christliche Mensch, der sich an der Bibel orientieren möchte, kann die Sexualität daher durchaus bejahen. Wertvoll und menschenwürdig wird sie allerdings erst dann für ihn, wenn sie

Für viele Jugendliche gehören Sexualität und Liebe zusammen

nicht nur der Lust- und Bedürfnisbefriedigung dient, sondern wenn Erotik, Sexualität und Liebe aufeinander bezogen sind.

Sexualität soll sich auf die gesamte Persönlichkeit des Partners hin orientieren.

In diesem Sinne ist Sexualität auf die gesamte Persönlichkeit des Partners oder der Partnerin sowie auf die Gemeinschaft mit den anderen Menschen hin orientiert. Viele Jugendliche, insbesondere in der Pubertät, reagieren abweisend oder skeptisch, wenn Sexualität mit Religion in Verbindung gebracht wird. Wenn es um Moral, Normen und Werte geht, wittern sie elterliche Vorschriften und fühlen sich in ihren eigenen Lebensentscheidungen eingeengt.

Mütter und Väter können Schwierigkeiten abbauen und Auseinandersetzungen überbrücken, indem sie den jungen Menschen zuhören und dadurch besser erkennen, dass diese häufig nicht nur ichbezogene Wünsche und Ziele verwirklichen wollen, sondern allmählich auch reifere Maßstäbe entwickeln, indem sie Rücksicht auf andere nehmen oder nach partnerschaftlicher Verantwortung streben. Wissenschaftliche Untersuchungen belegen, dass für einen Großteil der Jugendlichen Sexualität und Liebe zusammengehören und Treue in der Beziehung einen sehr hohen Stellenwert hat.

Lassen sich religiöse Wertvorstellungen und nichteheliche Beziehungen miteinander vereinbaren?

Die meisten Religionen gehen in ihren ethischen Bewertungen der Sexualität von einer Dauerbeziehung der Partner und einem Zusammenhang mit Elternschaft aus. Sexualität ist in diesem Sinn die höchste Stufe einer gemeinsamen Entwicklung, die durch eine Heirat auch von außen anerkannt ist. Andere argumentieren, dass Sexualität in nichtehelichen Beziehungen ein vertiefendes Kennenlernen des Partners oder der Partnerin ermöglicht, indem auch auf diesem Gebiet gemeinsame Erfahrungen gemacht werden. Partnerschaft und Verantwortung im Umgang mit dem eigenen Körper werden gelernt, Bedürfnisse aufeinander abgestimmt und die Bindung erfährt durch diesen Bereich eine Erweiterung.

aus: Broschüre „Über Sexualität reden". Bundeszentrale für gesundheitliche Aufklärung (Hrsg.), Köln 1994, S. 42 f.

M 2

Bitte nicht so oberflächlich!

Viele Menschen, die nicht einsehen wollen, warum sie mit der körperlichen Liebe bis zur Hochzeit warten sollen, sagen:
a) „Was ist denn dabei? Es tun doch alle!"
Wer so verallgemeinert, will wohl sagen: Wenn es alle oder doch sehr viele tun, dann wird es sicher nicht verkehrt sein. Damit hat man das Handeln der Allgemeinheit zu einem Maßstab in sexuellen Fragen gemacht. – Es ist aber nicht wahr, dass alle Paare vor der Heirat Geschlechtsverkehr haben!
Auf ein anderes Gebiet übertragen, würde das so aussehen: Wenn die meisten Menschen stehlen, dann wird das Stehlen schon irgendwie richtig sein. Diese Meinung werden die meisten vermutlich nur so lange vertreten, bis sie selbst zu den Bestohlenen gehören.
Wir sehen: Das Verhalten in den unterschiedlichen Situationen ist eine Frage des Maßstabes. Dieser muss sich nun irgendwo orientieren.
Woher bekommen wir den richtigen Maßstab, wie kann man sich richtig orientieren? – Für einen Menschen, der an Jesus glaubt, kann nur das Wort Gottes der entscheidende Orientierungspunkt sein. Aber auch jeder andere sollte wissen, dass Gott ihn nach dem Maßstab seines Wortes beurteilt und dass er sein Leben einmal vor Gott verantworten muss.
b) Andere sagen: „Was ist denn verkehrt oder gar Sünde daran, nicht verheiratet zu sein und sexuell miteinander zu verkehren. Der Geschlechtstrieb ist doch nicht umsonst von Gott geschaffen worden. Außerdem äußert sich die Bibel positiv zur Betätigung des Geschlechtstriebes. Warum sollte man denn in einem ernst gemeinten Liebesverhältnis keinen Geschlechtsverkehr haben dürfen?"
c) Noch andere sagen: „Der Geschlechtstrieb ist doch letztlich nichts anderes als der Selbsterhaltungstrieb (der nicht mit dem Fortpflanzungstrieb zu verwechseln ist). Wenn wir Hunger oder Durst haben, dann essen oder trinken wir ja auch. Warum sollte der sexuelle Hunger eine Ausnahme sein und nicht ebenfalls gestillt werden, wenn er sich meldet?"

Dazu drei Antworten:
a) Es stimmt, dass der Geschlechtstrieb zur Natur des Menschen gehört; er ist zweifellos ein Teil der Schöpfung Gottes. Es stimmt auch, dass Gottes Wort sich positiv zur Betätigung des Geschlechtstriebes äußert. Zum Beispiel heißt es: „Seid fruchtbar und mehret euch …" (1. Mose 1,28). Und: „… die zwei werden ein Leib sein" (1. Mose 2,24). Nun muss man allerdings klar sehen, dass sich diese beiden Schriftstellen eindeutig auf den Bereich der Ehe beziehen. Damit steht fest: Gott hat die sexuelle Gemeinschaft ausschließlich für das Leben in der öffentlich geschlossenen Ehe bestimmt.
Darüber werden wir gleich noch reden, vorweg jedoch dies: Vorehelicher Geschlechtsverkehr macht noch keine Ehe aus, auch wenn damit etwas praktiziert wird, was in die Ehe gehört. Vorehelicher Geschlechtsverkehr entspricht nicht dem Willen Gottes.
b) Den Geschlechtstrieb und die Befriedigung des Geschlechtstriebes mit der Befriedigung des Selbsterhaltungstriebes gleichzusetzen, ist falsch. Denn Essen und Trinken sind nötig, um am Leben zu bleiben. Mit dem Geschlechtstrieb ist es anders. Sowohl Männer als Frauen können ein langes Leben hinter sich bringen, ohne Geschlechtsverkehr gehabt zu haben. Es ist auch nicht wahr, dass sexuelle Enthaltsamkeit zu krankhaften Erscheinungen im seelischen Bereich führt.
c) Essen und Trinken betrifft nur jeweils die eigene Person, während Geschlechtsgemeinschaft immer einen zweiten Menschen beansprucht. Dabei bindet sich besonders die Frau in ihren seelischen Tiefenschichten an den Mann, dem sie sich zum ersten Mal hingegeben hat.

aus: Walter Köhler, Intim vor der Ehe? Brunnen Verlag, Gießen 1987, S. 10 ff.

M 3

Zehn Gebote für Sex

1. Lass dich nicht verführen!
2. Du darfst nie Gewalt anwenden!
3. Du darfst dem Partner nicht schaden!
4. Du darfst kein unerwünschtes Kind riskieren!
5. Du darfst nicht abtreiben!
6. Du sollst warten lernen!
7. Du sollst die Hemmungen achten!
8. Du sollst Zurückhaltung mit Zärtlichkeit verbinden!
9. Du sollst so viel Freude schenken wie möglich!
10. Du sollst ehrlich sein in der Liebe!

aus: Klaus Thomas, Folgerungen. Verlag Hermann Schaffstein, Dortmund 1976, S. 29

M 1

ALLE WELT
NACHRICHTEN

Jungfrauen-Demo

WASHINGTON (ap). Zum Abschluss einer Tour durch 25 Städte der USA haben sich gestern 500 Jungfrauen vor dem Weißen Haus in Washington eingefunden, um ihre Abstinenz zu feiern und andere junge Menschen zu überzeugen.

aus: HALLO SEELZE, Nr. 122/17.08.1997

M 2

Eine Braut Christi

M 3

„Zölibat“

In der lateinischen Kirche sind die Bischofs- und die Priesterweihe mit der Verpflichtung zum Zölibat verbunden, d. h. mit der Pflicht, ehelos und in vollkommener Keuschheit zu leben. Diese Verpflichtung ist vom Wesen des Priestertums nicht gefordert, wie die Praxis der frühesten Kirche und die Tradition der Ostkirchen zeigen; sie muss außerdem im Zusammenhang mit der Sorge für die Seelen, dem obersten Gesetz in der Kirche, gesehen werden. Sie wird in der lateinischen Kirche vom 4. Jahrhundert an von verschiedenen Synoden immer wieder betont, aber erst im 11. Jahrhundert als allgemeines Gesetz erlassen. Das II. Vatikanische Konzil hat dieses Gesetz erneut gebilligt und bekräftigt [...]. Nach den Aussagen des Konzils ist die Zölibatsverpflichtung dem Priestertum in mehrfacher Hinsicht angemessen. Die freiwillige Ehelosigkeit um des Himmelreiches willen (vgl. Mt 19,12) ist ein besonderes Zeichen der Nachfolge Jesu, der selbst ehelos lebte, des ungeteilten Dienstes für Jesus Christus und seine „Sache“ (vgl. 1. Kor 7,32). Zeichen der vollkommenen Hingabe für Gott und die Menschen, des neuen Lebens und der kommenden Welt, die der Priester in besonderer Weise zu bezeugen hat.

aus: Katholischer Erwachsenenkatechismus.

M 1

Ehe im Alten Testament

Es war nicht üblich, daß Männer nicht heirateten – es gibt kein hebräisches Wort für Junggeselle. Man heiratete in Israel sehr jung. Das Mindestalter für Jungen war 13, für Mädchen 12 Jahre. Vielleicht lag es an der Jugend der Partner, daß die Ehen meistens von den Eltern ausgehandelt und vermittelt wurden. In alttestamentlicher Zeit kamen die Eheleute in der Regel aus demselben Stamm, gelegentlich waren sie Cousin und Cousine. Ehen mit Menschen aus anderen Völkern, die anderen Göttern dienten, waren verboten. Ebenso waren Eheschließungen zwischen engen Verwandten untersagt (3. Mo 18,16 ff.). Es war nicht unbedingt so, daß die Betroffenen bei der Wahl ihres Partners nicht mitreden durften: Sichem (1. Mo 34,4) und Simson (Ri 14,2) baten beide ihre Eltern, für sie um ein bestimmtes Mädchen anzuhalten. Ehen mit Dienern oder Kriegsgefangenen waren erlaubt. Weil die Ehen üblicherweise von den Eltern ausgehandelt wurden, entwickelte sich die Liebe oft erst nach der Hochzeit – dies ist typisch orientalisch. Im Orient ist Liebe viel stärker ein Teil des Willens, während im Westen häufig die Gefühle betont werden. (Deshalb finden wir übrigens in der Bibel auch das Gebot, Gott zu lieben; und ein rein gefühlsmäßiges Verhältnis zu Christus, wie es manche westliche Christen pflegen, ist weit von der üblichen Auffassung entfernt.)

Die Eheschließung war eher ein zivilrechtlicher als ein religiöser Akt. Bei der Verlobung wurde im Beisein zweier Zeugen ein Vertrag geschlossen, und manchmal tauschte das Paar Ringe und Armreifen aus. Die Verlobung war so bindend wie die Heirat. In der Verlobungszeit war der Bräutigam vom Kriegsdienst freigestellt (5. Mo 20,7).

An den Vater der Braut mußte ein Brautpreis gezahlt werden, der Mohar, der auch durch Arbeit geleistet werden konnte. Der Vater der Braut durfte mit dem Brautpreis arbeiten, ihn aber nicht ausgeben. Die verheiratete Tochter erhielt den Mohar nach dem Tod ihrer Eltern oder wenn ihr Mann starb. Jakobs Schwiegervater Laban scheint jedoch den Brautpreis seiner Töchter verbraucht zu haben (1. Mo 31,15). Der Vater des Mädchens war verpflichtet, seiner Tochter oder deren Mann eine Mitgift zu geben. Sie konnte aus Dienern (wie bei Rebekka und Lea), Land oder Geld bestehen.

aus: P. Alexander, Die Welt der Bibel. R. Brockhaus Verlag, Wuppertal 1988, S. 166

aus: J. Meyer / J. F. Spiegel, Wir entdecken die Bibel. Verlag Herder, Freiburg 1992, 4. Auflage

M 2 Ehe im Neuen Testament (Markus 10,2–9)

Und die Pharisäer traten herzu und fragten Jesus – um ihn zu versuchen –, ob es dem Mann erlaubt sei, seine Frau zu entlassen. Da antwortete er und sprach zu ihnen: Was hat euch Mose geboten? Sie aber sagten: Mose hat erlaubt, einen Scheidebrief zu schreiben und die Frau zu entlassen. Da sprach Jesus zu ihnen: Mit Rücksicht auf die Härte eures Herzens hat er euch dieses Gebot vorgeschrieben. Vom Anfang der Schöpfung an aber hat er sie als Mann und Frau geschaffen. Darum wird ein Mensch seinen Vater und seine Mutter verlassen und seinem Weibe anhangen und die zwei werden ein Leib. Somit sind sie nicht mehr zwei, sondern sie sind ein Leib.

Der Apostel Paulus schreibt

Was aber das betrifft, wovon ihr mir geschrieben habt, so ist es für den Menschen gut, kein Weib zu berühren, aber um der Unzuchtsünden willen soll jeder seine eigene Frau und jede ihren eigenen Mann haben. Der Frau leiste der Mann die schuldige Pflicht, ebenso aber auch die Frau dem Mann. Die Frau hat über ihren eigenen Leib nicht die Verfügung, sondern der Mann; ebenso hat aber auch der Mann über seinen eigenen Leib nicht die Verfügung, sondern die Frau. (1. Korinther 7,1 ff.)

Der Reformator Martin Luther kommentiert

Das sage ich, damit wir lernen, was für ein ganz kostbares Ding es ist, wenn einer in dem Stand ist, den Gott eingesetzt hat […], sodass Salomo mit Recht einem solchen Mann Glück wünscht und spricht (Sprüche 5,18): ‚Freu dich mit dem Weib deiner Jugend.' Und (Prediger 9,9): ‚Genieße das Leben mit dem Weib, das du liebhast, dein Leben lang in dieser eitlen Zeit.' Diese Worte redet Salomo ohne Zweifel nicht um fleischlicher Freude willen, denn der Heilige Geist redet durch ihn; sondern er tröstet die in Gott, die viel Mühe im ehelichen Leben haben, wider die Lästerer des gottgefälligen Standes, die, wie die Heiden, nicht mehr als fleischliche und zeitliche Wollust darin suchen und nicht finden.

aus: Uwe Gerber (Hrsg.), Religion in Beruf und Alltag. © Gehlen Verlag, Bad Homburg 1977, S. 123

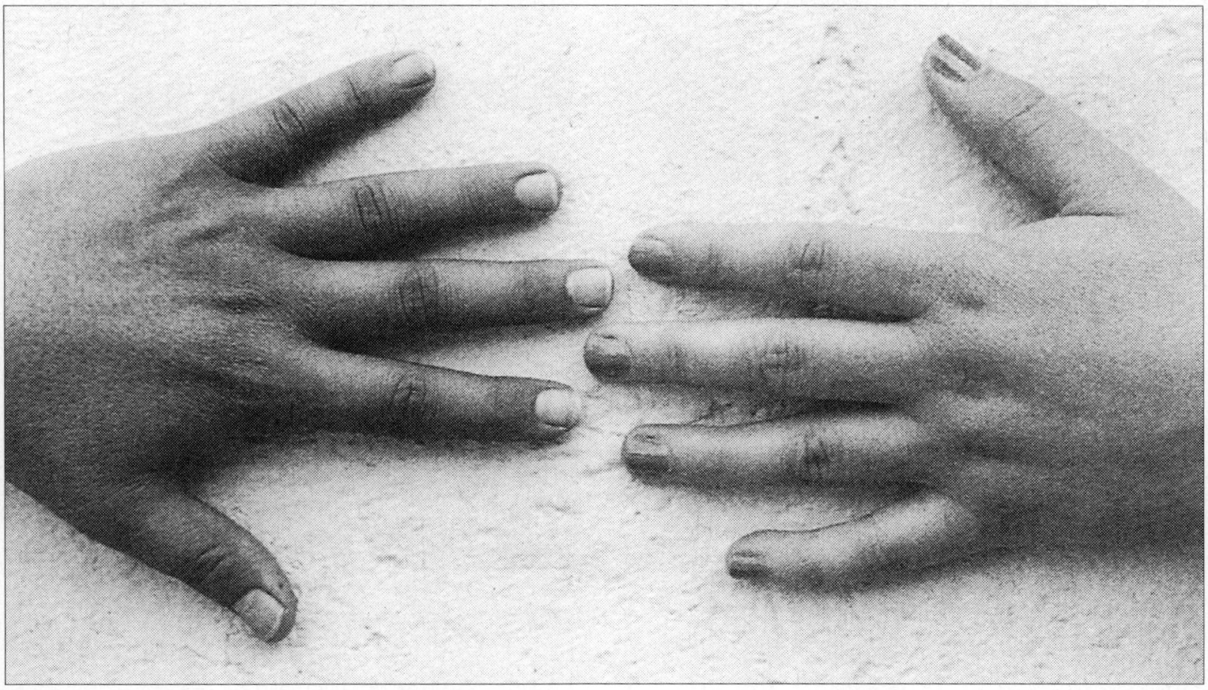

M 3

Martin Luther: Vom ehelichen Leben 1522

Die fünfte Ursache ist Unglaube, nämlich daß ich keine Türkin, Jüdin oder Ketzerin nehmen darf. Mich wundert, daß sich die frevlerischen Tyrannen nicht bis ins Herz schämen, so öffentlich wider den klaren Text des Paulus 1. Kor 7,13 sich zu setzen, wo er spricht: „Will ein heidnisches Weib oder Mann bei dem Christengemahl bleiben, soll er sich nicht von ihr scheiden." Und St. Petrus sagt 1. Petr 3,1, die christlichen Weiber sollten einen guten Wandel führen, um damit ihre nichtchristlichen Männer zu bekehren, wie es St. Augustins Mutter Monica tat. Darum wisse, daß die Ehe ein äußerliches, leibliches Ding ist wie andere weltliche Hantierung. Wie ich nun darf mit einem Heiden, Juden, Türken, Ketzer essen, trinken, schlafen, gehen, rechnen, kaufen, reden und handeln, so darf ich auch mit ihm ehelich werden und bleiben. Und kümmere dich um der Narren Gesetze, die dieses verbieten, nicht. Man findet gewiss Christen, die schlimmer sind inwendig im Unglauben (und das ist der größere Teil) als ein Jude, Heide oder Türke oder Ketzer. Ein Heide ist ebensogut Mann und Weib, von Gott wohl und gut geschaffen, wie St. Peter und St. Paul und St. Lucia, geschweige denn wie ein loser, falscher Christ. [...] Darum zum Schluß: Wer sich nicht findet geeignet zur Keuschheit, der tue beizeiten dazu, daß er etwas schaffe und zu arbeiten habe, und wag's danach in Gottes Namen und greife zur Ehe: ein junger Mann spätestens, wenn er zwanzig, ein Mädchen, wenn es etwa fünfzehn oder achtzehn Jahre ist; dann sind sie noch gesund und geeignet. Und lasse Gott sorgen, wie sie mit ihren Kindern ernährt werden. Gott macht Kinder, er wird sie gewiß auch ernähren. Erhebt er dich und sie nicht hoch auf Erden, so laß dir genügen, daß er dir eine christliche Ehe gegeben hat und erkennen lassen, daß er dich dort hoch erhebe, und sei ihm dankbar für diese seine Güter und Gaben.

aus: Karin Bornkamm, G. Ebeling (Hrsg.), Martin Luther, ausgewählte Schriften. Insel Verlag, Frankfurt/Main 1983, Bd. III

M 4

Martin Luther als Augustinermönch, Lucas Cranach d. Ä. 1520, Kupferstich, Kupferstichkabinett der Kunsthalle Hamburg

M 5

Katharina von Bora. Cranach-Werkstatt. Öl auf Leinwand. 1526/29. Westfälisches Landesmuseum Münster

M 6

Verlobung – Eheschließung – Ehe im 19. Jh.

Dem Manne steht freilich allein das Recht der Bewerbung zu, er sucht aber vorher sich zu überzeugen, ob das Mädchen auch willig dazu ist. Wenn es auf dem Jahrmarkt kleine Geschenke von ihm annimmt, oder zur Zeit der Ernte eine mit künstlicher Schnitzerei versehene Harke, oder im Herbst einen bunten, oft mit Fleiß und Geschick gearbeiteten Wocken am Spinnrade, und wenn das Geschenk erwidert wird durch ein schönes Band an der Sense oder einen Strauß am Hut, wenn die Ernte beginnt, so weiß er, daß seine Absicht gebilligt wird. Einen wirklichen Korb sich zu holen, gibt zum Gespött und zu Redereien viel Veranlassung. Gewöhnlich sieht das Mädchen Gottes Willen in der Bewerbung des Mannes und unterdrückt jede andere Neigung, die es etwa hat. Es ist, als dürfte sie durchaus nicht eher ans Heiraten denken, bevor nicht der Mann sich gefunden hat, der um sie wirbt. Eine Härte liegt darin, wenn von ihr verlangt wird, daß sie sofort sich entschließen und ja oder nein sagen soll, zumal wenn der Bewerber ihr wenig bekannt war, oder ihr Interesse noch nicht auf sich gezogen hatte. Wenn es gewiß ein Zeichen von schnödem Leichtsinn, Charakterlosigkeit, gänzlicher Unzuverlässigkeit und der bösesten Untreue ist, wenn der Mann nach der Verlobung sich zurückzieht und das Mädchen sitzen läßt, so sollte man nicht ganz so streng darüber urteilen, wenn ein Mädchen, das zum schnellen Entschlusse gedrängt wurde, später schwankend wird, wenn es den Mann näher kennen zu lernen Gelegenheit hatte, und die Überzeugung gewinnt, daß aus ihr und ihm keine glückliche Ehe werden könne […].

Es ist eher zulässig, daß ein jüngeres Mädchen einen älteren Mann heiratet als umgekehrt, denn der Mann soll die Frau leiten und nicht die Frau den Mann, der jüngere ordnet sich aber leicht dem älteren unter. Ebenso ist eine glückliche Ehe leichter denkbar, wenn ein reicher Mann ein armes Mädchen heiratet als umgekehrt. Es ist gegen das natürliche Gefühl des tüchtigen Mannes, von dem Vermögen der Frau zu leben, weil er verpflichtet ist, Weib und Kinder zu ernähren. Sehr schön und wünschenswert ist es auch, wenn die beiden Familien, aus denen die Brautleute sich zusammenfinden, in freundschaftlicher Beziehung zueinander stehen.

Eine ordentliche ehrenvolle Hochzeit ist immer ein Ereignis, das bei Alt und Jung das größte Interesse erregt, schon lange vorher, ehe die Verlobung wirklich zustande kommt, ist viel davon geredet. Die Nachbarn wissen in solchen Dingen gewöhnlich viel mehr, als die Personen selbst, die es angeht, und sie reden so lange davon, bis es wirklich so kommt, wie sie lange vorausgesagt haben, und freuen sich dann, dass sie Recht gehabt haben. Gewöhnlich kommen die Heiraten in sehr prosaischer Weise zustande. Die beiden Väter der jungen Leute bereden die Sache sehr gründlich und einigen sich um die Mitgift, bald wird das Abkommen dahin getroffen, daß einer von ihnen sich in das Altgedinge begibt und den Kindern die Wirtschaft überläßt, bald so, daß einer von ihnen mit ihnen zusammen wirtschaftet, und der junge Ehemann als Knecht dient, bald so, daß sie ihre Kapitalien zusammenlegen und in dem Dorfe selbst oder in der Nachbarschaft einen Hof kaufen und ihn dem jungen Paar übergeben. Wenn darüber eine Vereinigung stattgefunden hat, dann erst wird zur Verlobung geschritten, die in früherer Zeit vom Pastor vollzogen wurde. […] Der Bräutigam reist mit der Braut zum nächsten Jahrmarkt zur Stadt und beschenkt sie mit einem schönen, mit goldenem Schnitte und mit anderem Zierrat geschmückten Gesangbuch, das sie am nächsten Sonntag in der Kirche gebraucht und so hält, daß es alle, auch die jungen Leute auf dem Thore, sehen können. Die Aussteuer ist von der sorgsamen Mutter schon längst besorgt. Als die Tochter noch ein kleines Kind war, ist schon für sie ein mit Eisen und Messing beschlagener Koffer, der auf Rädern steht, gekauft, und jährlich ist, je nachdem der Flachs geraten ist, ein Stück nach dem andern hinein gelegt.

aus: Werner Pöls (Hrsg.), Deutsche Sozialgeschichte.
C. H. Beck, München 1973

M 1 Zehn Sakramente?

In der katholischen Kirche gibt es sieben „sichtbare Zeichen Gottes", die Sakramente. Drei der hier abgebildeten sind also falsch. Martin Luther aber hat von diesen sieben nur die zwei anerkannt, die von Jesus selber eingeführt wurden.
Welche? (Genau gesagt gibt es für Luther zweieinhalb Sakramente. Welches zählt er zum Teil noch mit?)

aus: Werner „Tiki" Küstenmacher, Der Anschlag in Wittenberg. Claudius Verlag, München 1996, S. 26

M 2 Das Sakrament der Ehe

Das Wesen der Ehe als Sakrament des Neuen Bundes

Ehe und Familie zählen zu den kostbarsten Gütern der Menschheit. Sie sind die Grundzelle der menschlichen Gemeinschaft. „Das Wohl der Person sowie der menschlichen und christlichen Gesellschaft ist zuinnerst mit einem Wohlergehen der Ehe- und Familiengemeinschaft verbunden" [...]. Ehe und Familie werden in unseren Tagen jedoch – wie andere Institutionen und vielleicht noch mehr als diese – in die umfassenden tief greifenden und raschen Wandlungen von Gesellschaft und Kultur hineingezogen. Dabei kann man im Blick auf Ehe und Familie von heute Licht und Schatten feststellen. „Einerseits ist man sich der persönlichen Freiheit mehr bewusst, schenkt der Qualität der zwischenmenschlichen Beziehungen in der Ehe, der Förderung der Würde der Frau, der verantworteten Elternschaft, der Erziehung der Kinder größere Aufmerksamkeit... Andererseits aber gibt es Anzeichen einer Besorgnis erregenden Verkümmerung fundamentaler Werte: eine irrige ... Auffassung von der gegenseitigen Unabhängigkeit der Eheleute: die schwerwiegenden Missverständnisse hinsichtlich der Autoritätsbeziehung zwischen Eltern und Kindern: die häufigen konkreten Schwierigkeiten der Familie in der Vermittlung der Werte; die steigende Zahl der Ehescheidungen; das weit verbreitete Übel der Abtreibung ... das Aufkommen einer regelrechten empfängnisfeindlichen Mentalität" [...].
Das christliche Verständnis von Ehe und Familie ist bereits in der Schöpfungsordnung grundgelegt. Gott, der den Menschen aus Liebe ins Dasein gerufen hat, hat ihn gleichzeitig zur Liebe berufen. Der Mensch ist ja geschaffen nach dem Bild und Gleichnis Gottes (vgl. Gen 1,27), der selbst Liebe ist (vgl. 1. Joh 4,8.16). „Die Liebe ist demnach die grundlegende und naturgemäße Berufung jedes Menschen." Kein Mensch kann ohne Liebe leben. „Die Liebe schließt auch den menschlichen Leib ein, und der Leib nimmt an der geistigen Liebe teil ... Infolgedessen ist die Sexualität, in welcher sich Mann und Frau durch die den Eheleuten eigenen und vorbehaltenen Akte einander schenken, keineswegs etwas rein Biologisches, sondern betrifft den innersten Kern der menschlichen Person als solcher" [...]. Die Liebe zwischen Mann und Frau gehört also mit zur Gottebenbildlichkeit des Menschen; sie ist ein Gleichnis der unbedingten und endgültigen Liebe Gottes zu jedem Menschen. Deshalb gilt gerade auch für sie das Urteil: „Es war sehr gut" (Gen 1,31).
Auch die Fruchtbarkeit gehört wesentlich zur Ehe. Denn es liegt im Wesen der ehelichen Liebe selbst, dass sie fruchtbar werden will. Das Kind als Frucht der gemeinsamen Liebe kommt deshalb nicht äußerlich oder beliebig zur gegenseitigen Liebe der Eheleute hinzu; es ist vielmehr deren Verwirklichung und Erfüllung. Dieser Dienst am Leben ist den Eheleuten von Gott selbst bei der Schöpfung aufgetragen, ja eingeschrieben worden: „Gott segnete sie, und Gott sprach zu ihnen: Seid fruchtbar und vermehrt euch" (Gen 1,28). Durch die Fruchtbarkeit nehmen die Eheleute teil an Gottes schöpferischer Liebe: sie sind gleichsam Mitarbeiter des liebenden Schöpfergottes und Interpreten seiner Liebe.

aus: Katholischer Erwachsenenkatechismus. © Verband der Diözesen Deutschlands, Bonn 1985

M 3

Maßstäbe des Menschlichen – Grundgedanken der Ehe

Bei einem dauerhaften und engen Zusammenleben von Mann und Frau geht es immer auch um Maßstäbe des Menschlichen. Bei dem Wunsch nach einem dauerhaften und gelingenden gemeinsamen Leben geht es der Sache nach um den Grundgedanken der Ehe, Ehe nämlich als eine Form menschlicher Gemeinschaft, die besonders eng ist, in biblischer Sicht sogar gleichnishaft für die Beziehung Gottes zu den Menschen. Die Ehe ist nach christlichem Verständnis eine gute Gabe Gottes. Sie ist eine Gemeinschaft der Liebe. In ihr sind beide Partner Gebende und Nehmende. Sie sollten es auch zu gleichen Teilen sein. Ihr gemeinsames Leben ist ein Lernprozess, in dem sie herausfinden, ob sie wirklich bereit sind, sich mit gleichen Rechten und Pflichten in Beruf, Haushalt und Kindererziehung zu betätigen. Ein solches Zusammenleben kann nur gelingen, wenn zwei Menschen mit ihren Verschiedenheiten, unterschiedlichen Prägungen und Erwartungen einen Einklang finden können – wenn sie also fähig sind, Verständnis für die Eigenart der und des anderen aufzubringen, die Bestrebungen der einen wie des anderen uneigennützig zu fördern und in immer neuen Anläufen zu einem Ausgleich ihrer Interessen und Neigungen zu gelangen. Das verlangt gewiss Verzicht, aber auch die Bereitschaft zur Vergebung. Gemeinsames Leben verträgt Gegensätze und Konflikte, aber es verträgt keinen Egoismus, und allzu einseitige Vorstellungen von Selbstverwirklichung kommen schnell an ihre Grenze.

Damit sind Maßstäbe angesprochen: gegenseitige Anerkennung, Verlässlichkeit im Beieinanderbleiben, die Fähigkeit, an Konflikten zu arbeiten, Kompromisse zu machen und Gegensätze zu ertragen. Das eigene Lebensglück und das Glück der anderen gehören zusammen. Das wird vertieft durch den Gedanken der Würde des Menschen, der die Grundlage der Menschenrechte ist und in christlicher Auslegung besagt, dass dem Menschen als „Gottes Ebenbild“ eine unverlierbare und unverfügbare, weil nicht in eigenen Leistungen und Werten und auch nicht in Geschlecht oder Rasse und dergleichen begründete Bedeutung zukommt.

aus: Ehe und Familie 1994. Ein Wort des Rates der Ev. Kirche in Deutschland aus Anlass des internationalen Jahres der Familie 1994. EKD-Texte 50, Hannover, S. 5 ff.

M 4

Von der Ehe

Und wieder ergriff Almitra das Wort und sprach:
„Und wie ist es um die Ehe, Meister?“
Und er antwortete also:
Vereint seid ihr geboren und vereint sollt ihr bleiben immerdar.
Ihr bleibt vereint, wenn die weißen Flügel des Todes eure Tage scheiden.
Wahrlich, ihr bleibt vereint selbst im Schweigen von Gottes Gedenken.
Doch lasset Raum zwischen eurem Beieinander sein,
Und lasset Wind und Himmel tanzen zwischen euch.
Liebet einander, doch macht die Liebe nicht zur Fessel:
Schaffet eher daraus ein webendes Meer zwischen den Ufern eurer Seelen.
Füllet einander den Kelch, doch trinket nicht aus einem Kelche.
Gebet einander von eurem Brot, doch esset nicht vom gleichen Laibe.
Singet und tanzet zusammen und seid fröhlich, doch lasset jeden von euch allein sein.
Gleich wie die Saiten einer Laute allein sind, erbeben sie auch von derselben Musik.
Gebet einander eure Herzen, doch nicht in des andern Verwahr.
Denn nur die Hand des Lebens vermag eure Herzen zu fassen.
Und stehet beieinander, doch nicht zu nahe beieinander:
Denn die Säulen des Tempels stehen einzeln,
Und Eichbaum und Zypresse wachsen nicht im gegenseit'gen Schatten.

aus: Khalil Gibran, Der Prophet. Walter Verlag, Zürich und Düsseldorf 1973

M 5

Christliche Gruppenehe

Drei junge Familien beziehen miteinander ein altes Haus. Sie sind alle engagierte Christen, aber sie gehen nicht von einer konkreten Aufgabe aus. Denn die jungen Familien haben Schwierigkeiten, die hohen Mieten zu bezahlen und ihre Wohnungen entsprechend zu möblieren. So richten sie überwiegend in eigener Arbeit das alte Haus her. Ein Ehepaar besitzt einen Fernsehapparat, der dann im gemeinsamen Wohnzimmer allen zur Verfügung steht. Die Waschmaschine einer anderen Familie verwenden alle miteinander. Die Küche wird ebenfalls gemeinsam benutzt. Mittags essen die meisten in ihren Kantinen, weil sie fast alle berufstätig sind, am Abend wird gemeinsam gekocht. Am Wochenende kann jede Familie für sich kochen, häufig wird das allerdings nicht ausgenützt, weil das gemeinsame Essen die Freizeit der Ehefrauen vergrößert. Die Ehepaare richten ein großes gemeinsames Wohnzimmer ein, mit Fernsehgerät, Stereoanlage und Klavier. Außerdem besitzt jede Familie ihr kleines Wohnzimmer, das individuell gestaltet ist. Zwei der jungen Frauen sind berufstätig und noch ohne Kinder. Die dritte Ehefrau hat zwei kleine Kinder. Gemeinsam stellen sie eine Hausgehilfin an, die unter Anleitung der Hausfrau die Wohnungen in Ordnung hält. Weil die junge Frau, die zu Hause ist, dadurch auch den anderen Familien helfen kann, braucht sich ihre Familie nicht an den Kosten für die Haushaltsgehilfin zu beteiligen. Wichtige Haushaltsgeräte werden nur einmal angeschafft, allerdings immer reihum von einer Familie, sodass die Besitzverhältnisse geordnet sind. Das Wohnzimmer ist aus dem Fundus aller Familien mit alten, aber geschmackvollen renovierten Möbeln eingerichtet.

Der Anlass zum gemeinsamen Leben ist überwiegend materieller Art. Man wohnt und lebt so billiger. Außerdem ist jede Familie in eine locker genug gehaltene Gemeinschaft eingebettet, die sich gegenseitig Hilfe leistet. Als die Mutter der beiden Kinder für längere Zeit krank wird, nimmt eine der anderen Frauen einige Wochen lang unbezahlten Urlaub. Die Kosten tragen alle drei Familien gemeinsam. Zunächst benützen sie auch ein gemeinsames Auto, einen alten VW-Bus, in dem sie bei gemeinsamen Fahrten alle Platz haben. Später kaufen sie noch einen Pkw dazu, den die Berufstätigen miteinander benützen, um zur Arbeit zu fahren. Die beteiligten Familien spüren sehr schnell, dass sie die Spannungen und Schwierigkeiten der Lebensgemeinschaft ohne die gemeinsame Basis des Glaubens nicht bewältigen können. Sie beginnen den Tag mit gemeinsamem Gebet. Einen Abend in der Woche treffen sie sich zum Besprechen ihrer Probleme. Sonst haben sie keine festen Ordnungen. Ihr Beispiel erregt natürlich auch in der Umgebung Interesse. „Die ersten Monate musste ich jedem, mit dem ich sprach, erst erklären, dass wir keinen Partnertausch haben“, erzählt eine der Frauen lachend. „Sie konnten zunächst nicht verstehen, dass man so zusammenleben kann, wie wir es tun.“ Für alle, die Kontakt mit ihnen suchen, veranstalten sie einmal in der Woche einen offenen Abend in ihrem großen Wohnzimmer.

Der Urlaub wird im Allgemeinen getrennt verbracht, denn einmal im Jahr muss man sich voneinander erholen. Sonst unternehmen die Familien häufig gemeinsame Ausflüge. Sie gehen miteinander ins Theater oder zu einer Sportveranstaltung. Weil sie alle drei zu einer Konfession gehören, haben sie begonnen, miteinander in ihrer Kirchengemeinde den Kindergottesdienst aufzubauen und durchzuführen. Über ihre Zukunft als Gruppe machen sie sich keine Gedanken. „Wir sind an nichts gebunden“, sagt einer der Männer. „Aber wir finden unser Experiment so interessant, dass keiner im Augenblick daran denken würde, es aufzugeben.“

aus: Siegfried Großmann, Christen in der Welt von morgen. Kühne-Verlag, Schloss Graheim 1969

M 1

Haussegen: Psalm 128,1–6

128 EIN WALLFAHRTSLIED
Wohl dem, der den HERRN fürchtet und auf seinen Wegen geht!

2 Du wirst dich nähren von deiner Hände Arbeit; / wohl dir, du hast's gut.

3 Dein Weib wird sein wie ein fruchtbarer Weinstock / drinnen in deinem Hause,

deine Kinder wie junge Ölbäume / um deinen Tisch her.

4 Siehe, so wird gesegnet der Mann, der den HERRN fürchtet.

5 Der HERR wird dich segnen aus Zion, dass du siehst das Glück Jerusalems dein Leben lang

6 und siehst Kinder deiner Kinder, Friede sei über Israel!

aus: Lutherbibel, revidierter Text 1984. Mit Genehmigung der Deutschen Bibelgesellschaft, Stuttgart

aus: J. Meyer/J. F. Spiegel, Wir entdecken die Bibel. Verlag Herder, Freiburg 1992, 4. Aufl.

M 2

1. Samuel 1,1–8

1 Es war ein Mann von Ramatajim-Zophim, vom Gebirge Ephraim, der hieß Elkana, ein Sohn Jerohams, des Sohnes Elihus, des Sohnes Tohus, des Sohnes Zuphs, ein Ephraimiter.

2 Und er hatte zwei Frauen; die eine hieß Hanna, die andere Peninna. Peninna aber hatte Kinder und Hanna hatte keine Kinder.

3 Dieser Mann ging jährlich hinauf von seiner Stadt, um anzubeten und dem HERRN Zebaoth zu opfern in Silo. Dort aber waren Hofni und Pinhas, die beiden Söhne Elis, Priester des HERRN.

4 Wenn nun der Tag kam, dass Elkana opferte, gab er seiner Frau Peninna und allen ihren Söhnen und Töchtern Stücke vom Opferfleisch.

5 Aber Hanna gab er ein Stück traurig; denn er hatte Hanna lieb, obgleich der HERR ihren Leib verschlossen hatte.

6 Und ihre Widersacherin kränkte und reizte sie sehr, weil der HERR ihren Leib verschlossen hatte.

7 So ging es alle Jahre; wenn sie hinaufzog vom Haus des HERRN, kränkte jene sie. Dann weinte Hanna und aß nichts.

8 Elkana aber, ihr Mann, sprach zu ihr: Hanna, warum weinst du, und warum issest du nichts? Und warum ist dein Herz so traurig? Bin ich dir nicht mehr wert als zehn Söhne?

aus: Lutherbibel, revidierter Text 1984. Mit Genehmigung der Deutschen Bibelgesellschaft, Stuttgart

M 3

Hanna: 1. Samuel 1 und 2

Von klein auf war ich gewohnt zu hören, von welch großer Bedeutung es für Mann und Frau war, ein Kind zu haben. Nur so konnte ein Mensch das Heil Gottes erfahren. In der Zukunft wartet das Heil Gottes auf die Menschen. Israel lebt auf diesen Tag des Herrn hin, an dem das Licht und die Herrlichkeit Gottes aufbrechen wird zu unserem Heil. Nicht so wichtig ist es, ob wir die Heilsstunde selbst erleben, denn durch unsere Kinder sind wir selbst unterwegs in die große erlösende Zukunft. Ohne Kinder ist die Kette zum Heil allerdings zerbrochen, abgeschnitten. Und ich hatte kein Kind!
Meine Zukunft mit Gott war gefährdet. Außerdem hätte ich gern ein Kind zum Liebhaben, zum Kosen, zum Verwöhnen, zum Bewahren, zum Erziehen, zum [...]
Gleich bei der ersten geschlechtlichen Vereinigung rechnete ich mit einem Kind. Bei jeder weiteren hoffte ich darauf. Die Wonne der geschlechtlichen Gemeinschaft wurde bald geschmälert durch diese dauernden Empfängnisvorstellungen. Dabei hatte ich solch einen lieben Mann. Elkana war von großer Zärtlichkeit und ging so behutsam und liebevoll mit mir um.
Vielleicht wäre es für mich erträglicher gewesen, wenn wir nicht so wohlhabend gewesen wären, daß sich mein Mann noch eine zweite Frau leisten konnte. Er behielt mich zwar immer noch lieb, mir ging nichts ab. Ich blieb die Frau seines Herzens. Aber ab und zu ging er auch zu Peninna, und Peninna wurde schwanger. Sie gebar einen Sohn. Sie gebar Söhne, und immer wieder wurde sie schwanger.
Ich war gar nicht so sanftmütig und demütig, wie ich oft hingestellt werde. [...] Ich hatte zeitweise die Begierde, ihr das werdende Menschlein aus dem Leib zu reißen und mir einzupflanzen. Wenn das technisch möglich gewesen wäre – wer weiß! [...]
Elkana war ein angesehener Mann, gerecht und freundlich zu jedermann, gottesfürchtig und von einer tiefen inneren Zufriedenheit. „Aber er hatte ja auch einen Sohn! Er war nicht ausgeschlossen aus der Kette zum Heilsgeschehen!" So dachte ich voll Neid und Wehmut und konnte mich nicht des Glücks erfreuen, so einen guten Mann zu haben.
Jedes Jahr ging unsere ganze Familie hinauf zum Heiligtum in Silo, um unserem Herrn zu opfern. Qualen mußte ich dort jedes Mal ausstehen, wenn in der Gegenwart Gottes das festliche Mahl gehalten wurde. Elkana teilte die Portionen des Opferfleisches und legte Peninna, der kinderreichen Frau, gleich viele Stücke vor. So viele, wie sie Kinder hatte. Jeder Sohn, jede Tochter erhielt ein Teil. Auch ich bekam ein Stück. Ich sah es und konnte mich nicht daran freuen. Wir alle sahen es: Ich erhielt von Elkana das beste und größte Stück des Opferfleisches vorgelegt. Trotz dieses offensichtlichen Liebesbeweises fühlte ich mich als Zukurzgekommene, als Einsame, als Abgeschobene. [...]
Nicht ein einziges Mal wurde Elkana zornig. Er hatte viel Geduld mit mir und tröstete mich. „Bin ich dir nicht mehr wert als zehn Söhne?" fragte er und streichelte mir zärtlich über den Nacken. „Nein!" hätte ich am liebsten aufgeschrien. Doch ich mußte mich bezähmen. Das wäre böse und ungerecht gewesen. Und ich brauchte doch auch Elkana! Einmal stand ich vom Festmahl auf, stellte mich etwas abseits und sprach vor Gott ein Gelübde. Wenn er mir einen Sohn schenkte, würde ich ihn Gott weihen. Eli, der Priester, hatte mich und die Bewegungen meiner Lippen beobachtet. Weil ich nicht laut sprach, wie das beim Beten üblich war, dachte er zuerst, ich wäre nicht Herr meiner Sinne.
Als er jedoch seinen Irrtum bemerkte, sprach er einen Friedenswunsch aus und fügte hinzu: „Der Gott Israels wird dir die Bitte erfüllen, die du an ihn gerichtet hast."
Große Ruhe breitete sich über mich aus. Ein Druck wich von mir. Mir schien, als ob plötzlich ein anderer meine Sorge und Last mit mir trug. Es war ein Wunder! Ich wurde schwanger und fühlte mich als die glücklichste Frau! Meinen Sohn nannte ich Samuel, das heißt: „Ich habe ihn von dem Herrn erbeten." Mein Mann ließ mich gewähren. Er hatte auch nichts dagegen, daß ich nach den Jahren der Stillzeit Samuel mit hinauf nach Silo nahm und ihn dem Priester Eli in das Haus des Herrn gab.
Es fiel mir nicht leicht, mich von dem noch kleinen Knaben zu lösen. Mein Gelübde mußte ich jedoch erfüllen, und ich hatte nun auch die Zuversicht eines nicht unnützen, sinnlosen Lebens.
Lag es daran, daß sich meine inneren Verkrampfungen gelöst hatten? War ich befreit von der Sorge um Nachwuchs, um meine Heilsgewissheit? Ich wurde – ohne einen Gedanken daran – wieder schwanger. Ich gebar in unserem Haus in Rama wieder einen Sohn, dann noch zwei Söhne und zwei Töchter!
Samuel aber blieb im Hause des Herrn. [...]

aus: Lisbeth Haase, Als Abraham seine Frau verkaufte. R. Brockhaus Verlag, Wuppertal 1993, S. 75 ff.

M 4

M 5 ______________________________

„Bevölkerungsexplosion – das ist doch reine Panikmache"

Schoenfeld / CCC, München

M 1

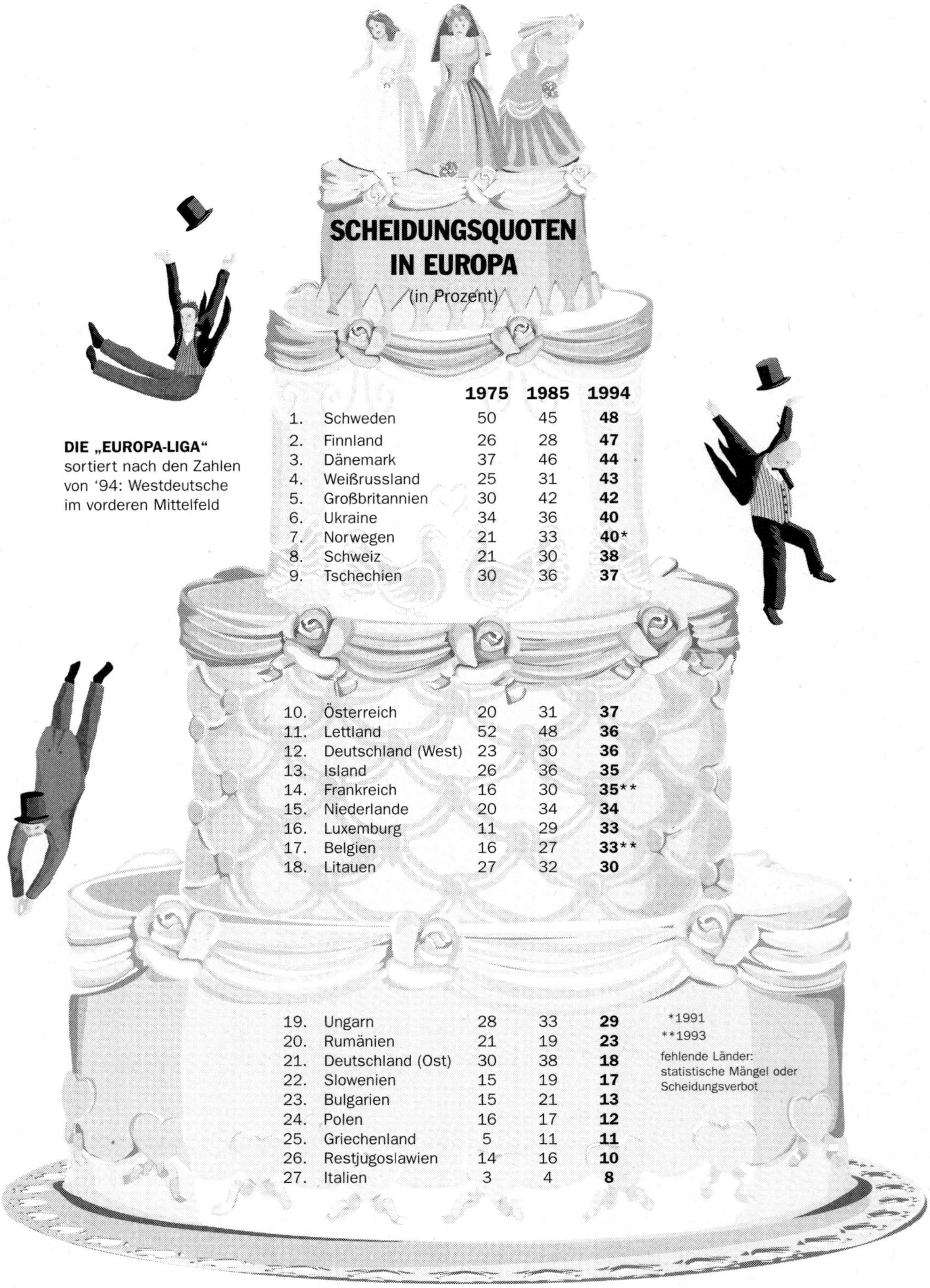

		1975	1985	1994
1.	Schweden	50	45	**48**
2.	Finnland	26	28	**47**
3.	Dänemark	37	46	**44**
4.	Weißrussland	25	31	**43**
5.	Großbritannien	30	42	**42**
6.	Ukraine	34	36	**40**
7.	Norwegen	21	33	**40***
8.	Schweiz	21	30	**38**
9.	Tschechien	30	36	**37**
10.	Österreich	20	31	**37**
11.	Lettland	52	48	**36**
12.	Deutschland (West)	23	30	**36**
13.	Island	26	36	**35**
14.	Frankreich	16	30	**35****
15.	Niederlande	20	34	**34**
16.	Luxemburg	11	29	**33**
17.	Belgien	16	27	**33****
18.	Litauen	27	32	**30**
19.	Ungarn	28	33	**29**
20.	Rumänien	21	19	**23**
21.	Deutschland (Ost)	30	38	**18**
22.	Slowenien	15	19	**17**
23.	Bulgarien	15	21	**13**
24.	Polen	16	17	**12**
25.	Griechenland	5	11	**11**
26.	Restjugoslawien	14	16	**10**
27.	Italien	3	4	**8**

aus: FOCUS 17/1997, Zeichnung: © Top Drawers Creative Network, Amsterdam

M 2

DIE JOKER DOUBLE SADDLE STITCHED. Eine Jeans wie keine andere: auf Sattlermaschinen genäht und ohne Chlor gebleicht. JOKER, 74258 Ilsfeld

M 3

aus: Hamburger Morgenpost, 25.04.1997

M 4 Das sechste Gebot

Wie lautet das sechste Gebot?

Du sollst nicht ehebrechen.

Was ist das?
Wir sollen Gott fürchten und lieben, daß wir keusch und züchtig leben in Worten und Werken und ein jeglicher sein Gemahl lieben und ehren.

Was ist die Ehe?
Die Ehe ist eine heilige Ordnung Gottes und die von Gott gestiftete und gesegnete lebenslängliche Vereinigung eines Mannes und eines Weibes zur Erhaltung des menschlichen Geschlechtes und zur Auferziehung der Kinder für das Reich Gottes.

1. Mose, 1,27.28. Gott schuf den Menschen ihm zum Bilde, zum Bilde Gottes schuf er ihn, und schuf sie einen Mann und ein Weib. Und Gott segnete sie und sprach zu ihnen: Seid fruchtbar und mehret euch und füllet die Erde und macht sie euch untertan und herrschet über Fische im Meer und über Vögel unter dem Himmel und über alles Tier, das auf Erden kriecht.

Matth. 19,3–6. Der im Anfang den Menschen gemacht hat, der machte, daß ein Mann und Weib sein sollte, und sprach: Darum wird ein Mensch Vater und Mutter verlassen und an seinem Weibe hängen und werden die zwei Ein Fleisch sein. So sind sie nun nicht zwei, sondern Ein Fleisch. Was nun Gott zusammengefügt hat, das soll der Mensch nicht scheiden. [...]

Was heißt sein Gemahl lieben und ehren?
Es heißt: erkennen, daß der Ehegatte von Gott zugesellt sei, denselben herzlich und allein lieben, ihm treu verbleiben und alles Liebe und Gute nach Gottes Ordnung und Christi und seiner Gemeinde Vorbild ihm erweisen.

Eph. 5,21–25. Seid untereinander untertan in der Furcht Gottes. Die Weiber seien untertan ihren Männern als dem Herrn. Denn der Mann ist des Weibes Haupt: gleich wie auch Christus das Haupt ist der Gemeinde, und er ist seines Leibes Heiland. Aber wie nun die Gemeinde ist Christo untertan, also auch die Weiber ihren Männern in allen Dingen. Ihr Männer, liebet eure Weiber, gleich wie Christus auch geliebt hat die Gemeinde, und hat sich selbst für sie gegeben.

aus: Martin Luther, Kleiner Katechismus (Auszüge). Ev.-Luth. Kirchengesangbuch

M 5

Wie wird die Ehescheidung von den beiden großen Kirchen beurteilt?

Keine Kirche kann eine Ehescheidung gutheißen, denn, „was nun Gott zusammengefügt hat, das soll der Mensch nicht scheiden“ (Matthäus 19,6). Trotzdem kann keine Kirche die Menschen fallen lassen, deren Ehe in Not und Schuld zerbricht.
Die katholische Kirche mit ihrem eigenen Eherecht erkennt die bürgerlich-rechtliche Scheidung nicht an, wenn es sich bei beiden Ehepartnern um Getaufte handelt; das gilt auch für Nichtkatholiken, denn bei Getauften ist „das Eheband ... seiner Natur nach nicht trennbar“ [...]. Das kanonische Recht kennt aber „Nichtvollzugsverfahren“ (Heirat danach ist möglich), „Verfahren zur Trennung der Ehegatten“ (eine Wiederheirat ist dann aus römisch-katholischer Sicht nicht möglich) und „Ehenichtigkeitsverfahren“, in denen festgestellt wird, dass ein Eheband von Anfang an nicht eigentlich bestanden hat, auch wenn das Eheleben und Kinder aus der Ehe dafür zu sprechen scheinen (Heirat danach ist möglich).
Ferner gibt es Härtefälle, wo die Ehe zweier Ungetaufter durch päpstlichen Bescheid aufgelöst worden ist (so genanntes Petrinisches Privileg) oder wo sie durch bischöflichen Bescheid aufgelöst wird (Paulinisches Privileg), wenn einer der beiden sich taufen lässt [...].
Die evangelische Kirche muss aus ihrem Eheverständnis die gerichtliche Scheidung einer zerstörten Ehe hinnehmen. Ob ein Geschiedener wieder kirchlich getraut werden kann, muss der einzelne Pfarrer in seelsorgerlicher Verantwortung entscheiden.
Wie sie Geschiedenen seelsorgerlich besser helfen kann, wird in der katholischen Kirche diskutiert, „ob sie beispielsweise zu den Sakramenten zugelassen werden sollen, was bisher nicht möglich ist“ [...].

aus: Gerhard Schumacher, Evangelisch-katholisch in Frage und Antwort. Männerarbeit der evangelischen Kirche in Deutschland, Kassel

M 1

Es ist euch gesagt ...

Wenn jemand dabei ergriffen wird, dass er einer Frau beiwohnt, die einen Ehemann hat, so sollen beide sterben, der Mann und die Frau, der er beigewohnt hat; so sollst du das Böse aus Israel wegtun.

5. Mose 22,22

Wenn jemand die Ehe bricht mit der Frau seines Nächsten, so sollen beide des Todes sterben, Ehebrecher und Ehebrecherin, weil er mit der Frau seines Nächsten die Ehe gebrochen hat.

3. Mose 20,10

Ihr habt gehört, dass gesagt ist: „Du sollst nicht ehebrechen." Ich aber sage euch: Wer eine Frau ansieht, sie zu begehren, der hat schon mit ihr die Ehe gebrochen in seinem Herzen.

Mt 5,27 f.

Wenn ein Mann seine Frau entläßt, und wenn sie von ihm weggeht und die Frau eines andern wird, wendet er sich dann ihr wieder zu? Würde das Land nicht völlig entweiht?*

Jer 3,1a

Wenn jemand eine Frau zur Ehe nimmt und sie nicht Gnade findet vor seinen Augen, weil er etwas Schändliches an ihr gefunden hat, und er einen Scheidebrief schreibt und ihr in die Hand gibt und sie aus seinem Hause entlässt ...

5. Mose 24,1

*aus: Einheitsübersetzung der Heiligen Schrift. Katholische Bibelanstalt, Stuttgart 1980. Alle anderen Texte aus: Lutherbibel, revidierter Text 1984. Mit Genehmigung der Deutschen Bibelgesellschaft, Stuttgart

M 2

„Wer unter euch ohne Sünde ist, der werfe den ersten Stein auf sie"

Aber die Schriftgelehrten und Pharisäer brachten ein Weib zu ihm, im Ehebruch begriffen, und stellten sie in die Mitte dar und sprachen zu ihm: Meister, dies Weib ist ergriffen auf frischer Tat im Ehebruch. Mose aber hat uns im Gesetz geboten, solche zu steinigen; was sagst du? Das sprachen sie aber, ihn zu versuchen, auf dass sie eine Sache wider ihn hätten. Aber Jesus bückte sich nieder und schrieb mit dem Finger auf die Erde. Als sie nun anhielten, ihn zu fragen, richtete er sich auf und sprach zu ihnen: Wer unter euch ohne Sünde ist, der werfe den ersten Stein auf sie.
Und bückte sich wieder nieder und schrieb auf die Erde. Da sie aber das hörten, gingen sie hinaus (von ihrem Gewissen überführt), einer nach dem andern, von den Ältesten an bis zu den Geringsten; und Jesus ward gelassen allein und das Weib in der Mitte stehend. Jesus aber richtete sich auf; und da er niemand sah denn das Weib, sprach er zu ihr: Weib, wo sind sie, deine Verkläger? Hat dich niemand verdammt?
Sie aber sprach: Herr, niemand. Jesus aber sprach: So verdamme ich dich auch nicht; gehe hin und sündige hinfort nicht mehr!

Pieter Bruegel der Ältere (um 1525–1569) „Christus und die Ehebrecherin" (London, Courtauld Institute Galeries)
Christus schreibt seine Worte auf niederländisch und richtet seinen Appell damit an Bruegels Zeitgenossen

M 3

Karin Berhalter

Misshandelte Frau oder „verschlagenes" Weib?

Batseba (2. Samuel 11 f.; 1. Könige 1 f.)

Die Frau des Urija – eine Ahnfrau Jesu
Der Evangelist Matthäus beginnt seine Frohbotschaft mit einem Stammbaum – dem „Stammbaum Jesu Christ, des Sohnes Davids, des Sohnes Abrahams" (Mt 1,1) und schlägt damit eine Brücke zu den Verheißungen des Alten Testaments. Eine lange, monotone Liste von Namen. Jedoch an einer Stelle liest sie sich nicht so glatt: „Obed war der Vater von Isai, Isai der Vater von König David. David war der Vater von Salomo, dessen Mutter die Frau des Urija war" (Mt 1,5 f.). „David war der Vater von Salomo" – soweit so gut – „dessen Mutter die Frau des Urija war." Wenn die Mutter Salomos dieses Kind zusammen mit König David hatte, gleichzeitig aber als Frau eines anderen bezeichnet wird, kann etwas nicht mit rechten Dingen zugegangen sein. Eine „unheilige" Geschichte in diesem Heiligen Buch?
Um diese Geschichte und um die Frau des Urija – die Batseba hieß – soll es deshalb im Folgenden gehen.

Eine verhängnisvolle Affäre
Die bekannteste Geschichte um Batseba ist wohl die ihrer Entdeckung durch König David (2. Sam 11 f.). Sie gehört zur so genannten Thronfolgegeschichte (2. Sam 9–20 und 1. Kön 1–2), die kurz nach Davids Tod aufgeschrieben wurde.
Wir befinden uns an einem Spätsommerabend in Jerusalem. Batseba nimmt ein vom Gesetz vorgeschriebenes Bad der Reinigung nach der Monatsblutung. Sie nimmt es auf dem Dach ihres Hauses und bleibt dabei nicht unbeobachtet. Ob gewollt oder ungewollt, bewusst oder unbewusst, sei dahingestellt.
König David, der längst nicht mehr mit seinem Heer in der Schlacht weilt, sieht sie. Und was er sieht, lässt ihn nicht unberührt. Er erkundigt sich nach ihr und erfährt, dass sie die Frau des hetitischen Offiziers Urija sei – eines Ausländers, der in seinem Heer als Söldner an vorderster Front kämpft und dabei ein gewisses Ansehen genießt.
Trotz dieser Informationen, also wohl wissend, dass die Schöne verheiratet ist – noch dazu mit einem Mann, der gerade für ihn sein Leben einsetzt, – lässt sie ihm keine Ruhe. Er lässt sie zu sich holen. – Und sie? Sie kommt. Was bleibt ihr auch anderes übrig? Schließlich lässt sie der König, nicht ein x-beliebiger Mann, zu sich rufen. David schläft mit ihr und diese Nacht bleibt nicht ohne Folgen.
Diesmal schickt Batseba nach David und lässt ihm sagen, dass sie ein Kind erwartet.
Nun muss der König handeln und zwar möglichst rasch. Denn würde dieser Ehebruch „offen-sichtlich", ginge es theoretisch, das heißt rein rechtlich, auch ihm an den Kragen: Laut Gesetz muss der Mann, der bei einer verheirateten Frau gelegen hat, sterben (Dtn 22,22).
Listig ist der Plan, den er entwickelt: Er lässt Urija aus dem Krieg heimkehren, empfängt ihn und entlässt ihn dann zu seiner Frau. Er will ihm das Kind unterschieben. Doch dieser asketische Krieger verbringt die Nacht nicht in den Armen seiner Frau, sondern am Tor draußen. Befragt durch den verständnislosen David, begründet er sein Verhalten damit, dass ganz Israel und die Lade des Bundes gerade auch kein Dach über dem Kopf hätten. Ob er „nur" solidarisch und rechtschaffen ist, dieser Urija, oder ob er Lunte riecht wegen dieses unerwarteten Heimaturlaubs – darüber erfahren wir nichts.
David startet einen zweiten Versuch. Diesmal lässt er den Urija jedoch nicht gehen, bevor dieser betrunken ist. Doch auch in diesem scheinbar enthemmten Zustand weiß der Offizier, was sich für einen anständigen Krieger gehört. Er schläft außer Haus und unterschreibt damit sein eigenes Todesurteil. Denn nun schickt David ihn zurück zum Heer mit einem Schreiben an den Heerführer Joab, dass der Hetiter im Kampf „unauffällig" sterben solle. Bald darauf richtet man es so ein, dass Urija in der Schlacht fällt.

aus: Angelika Meissner (Hrsg.), Und sie tanzen aus der Reihe, STB 10. Katholisches Bibelwerk, Stuttgart 1992, S. 120 f.

M 1

Wenn sich meine Eltern streiten

Wenn sich meine Eltern streiten,
kann ich beide nicht mehr leiden.
Ängstlich sitz ich zwischen ihnen,
spüre ihre bösen Mienen.
Vati tobt mit viel Geschrei.
Hoffentlich geht' s schnell vorbei!

Wenn mein Vater schimpft und wütet,
meine Mutter eisig brütet,
wenn sie böse Blicke tauschen,
sich am eignen Gift berauschen,
löffel ich den Haferbrei.
Hoffentlich geht' s schnell vorbei.

Hör ich meine Mutter keifen
und den Vater höhnisch pfeifen,
wenn sie sich mit Blicken messen,
haben sie mich ganz vergessen.
Meine Füße sind wie Blei.
Hoffentlich geht' s schnell vorbei!

Wenn sie sich mit Worten schlagen,
wenn sie ganz Gemeines sagen,
wenn sie dann die Köpfe neigen,
böse miteinander schweigen,
wird es mir ganz schlecht dabei.
Hoffentlich geht' s schnell vorbei!

Einmal merken beide immer,
dass sie nicht allein im Zimmer.
Vater tut, als müsst er gähnen,
Mutter lächelt unter Tränen,
schiebt mir hin mein Frühstücksei.
Gott sei Dank, es ist vorbei!

aus: Krenzer / Rogge, Kurze Geschichten Bd. 1.

M 2

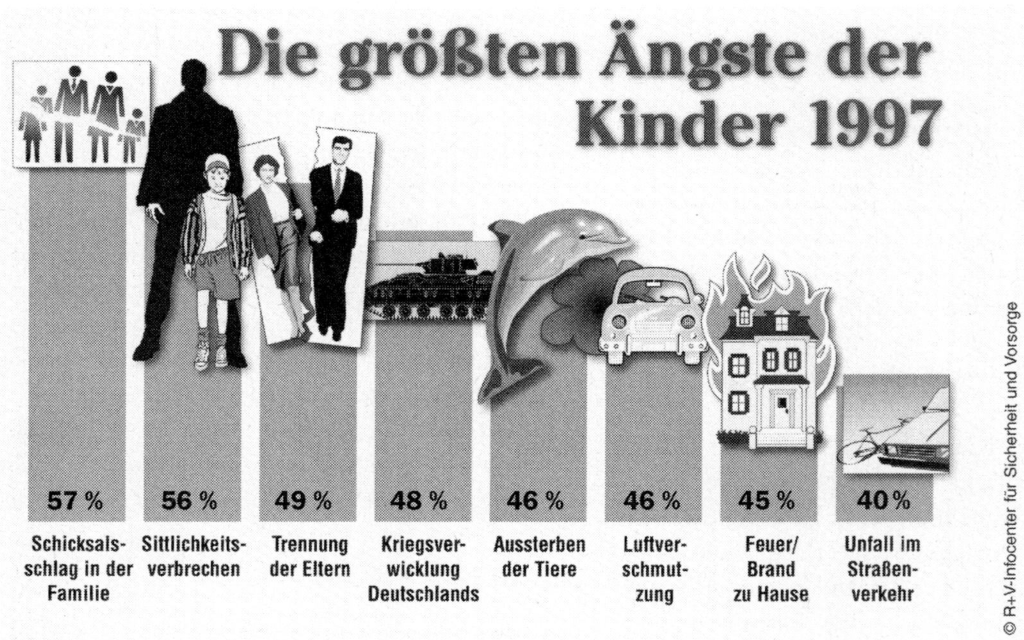

Es folgen: Gewalt anderer Kinder, schwere Erkrankung und Gewalt von Eltern (je 39 Prozent), Arbeitslosigkeit und Geldnot in der Familie (34 %), Gewalt und Zerstörungswut in der Schule (32 %), große Angst vor Müllbergen haben 31 %, Fahrradklau 28 %, schlechten Noten in der Schule 23 %, Problemen durch Ausländer 19 Prozent.

M 3

Alleinerziehende in Deutschland

	insgesamt	davon Frauen	Männer
1975	1,4 Mio.	1,2 Mio.	189 000
1980	1,5 Mio.	1,3 Mio.	249 000
1985	1,7 Mio.	1,4 Mio.	274 000
1990	1,8 Mio.	1,5 Mio.	291 000
1995	2,7 Mio.	2,2 Mio.	451 000

aus: Hörzu, 33 / 1997

M 4

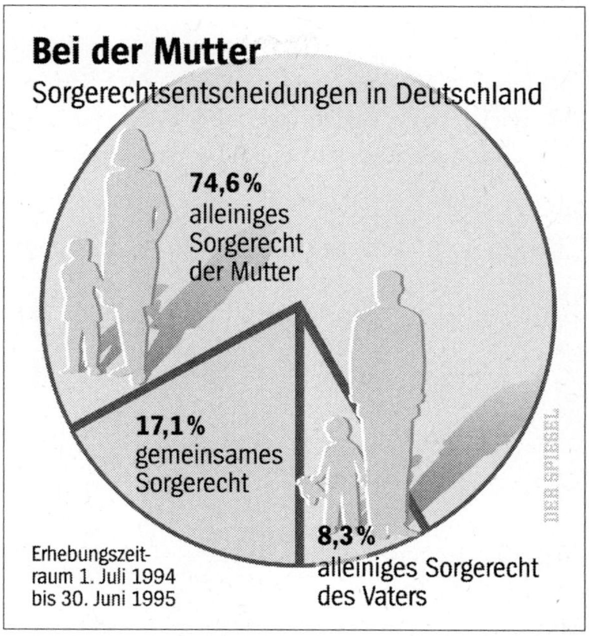

aus: DER SPIEGEL 47/1997, S. 92

M 5

aus: DER SPIEGEL 47/1997, S. 91. © Nikolaus Rechenberg, Berlin

M 1

Arbeitsaufgabe:
– Wählt vier der folgenden Wörter aus und ergänzt den Text.
– Bildet Kleingruppen von höchstens fünf Personen.
– Vergleicht eure Textvorlagen. Diskutiert Gemeinsamkeiten und Unterschiede und erarbeitet eine gemeinsame Textvorlage.

schön, komisch, normal, pervers, auffällig, sonderbar, üblich, blöd aber, und doch, obwohl,
angetan, erfreut, peinlich berührt, angeekelt, abgestoßen, böse
erregt, betroffen, sich hingezogen gefühlt, eifersüchtig, ängstlich, erschrocken

.... ist,

dass millionen

sich begeistert vor

ihrer mattscheibe einfinden

wenn zwei männer sich

blutig schlagen

.... jeder ....

und .... ist

wenn zwei männer zärtlich

zueinander sind

aus: U. Kutzleb, u. a., Zeit für Zärtlichkeit. Hrsg. Pädagogische Arbeitsstelle Dortmund, 1981, S. 116 f.

M 2

Homosexualität. Homosexuelle Praktiken waren im Alten Orient weit verbreitet. Vielfach hatten sie sogar sakrale Bedeutung im heidn. Kult. Männliche Prostituierte und Lustknaben gab es wahrscheinlich auch in den kanaan. Kulten. Sie scheinen in 1 Kön 14,24 gemeint zu sein: „Auch Geweihte gab es im Lande. Man ahmte alle Gräuel der Völker nach …“ Im Gegensatz dazu lehnt das AT die H. scharf ab. Das Grauen vor ihr findet seinen plastischen Niederschlag in der Geschichte von Lot und dem frevelhaften Begehren der Einwohner von Sodom (1 Mose 19,4 f.: „Sodomie“, ursprünglich H.). Sie gilt in Israel als todeswürdiges Verbrechen (3 Mose 18,22 ff.; 20,13; 5 Mose 22,5). Mehrere Gründe lassen sich dafür nennen: Einmal galt die H. als typisch heidn. Verhalten; sodann stand sie generell im Widerspruch zur alttest. Auffassung, wonach die Sexualität ausschließlich der Zeugung zu dienen habe (1 Mose 1,28); und schließlich durfte auch die Auffassung, dass der männliche Same Träger des Lebens und darum heilig sei, eine gewisse Rolle gespielt haben. Das NT teilt die Ablehnung der H. […]
(1 Kor 6,9 ff.; 1 Tim 1,10; Jud 7). Eine Vertiefung des theologischen Urteils zeichnet sich in Röm 1,22–27 ab. Paulus verurteilt hier nicht die H. als isolierbares Vergehen, das Gottes Strafe nach sich zieht, sondern er wertet sie umgekehrt als Folgeerscheinung und Auswirkung der Entfremdung der Menschen von Gott. Gott straft den eigenmächtigen Menschen dadurch, dass er ihn sich selbst und der Herrschaft seiner pervertierten Begierde überlässt. An diesem Punkt wird wohl auch die heutige theologische Debatte um die H. einzusetzen haben.

aus: Klaus Koch u. a. (Hrsg.), Reclams Bibellexikon. © Philipp Reclam jun., Stuttgart 1982, S. 219

M 3

homosexuell [grch.-lat., gleichgeschlechtlich], mit einem auf Angehörige des eigenen Geschlechts gerichteten Geschlechtstrieb. Die Schäden homosexueller Betätigung sind neben ihrer Neigung zu seuchenartiger Ausbreitung und zur Bildung von Cliquen aller Art der sittliche Verfall der betroffenen Kreise und die Zersetzung des öffentlichen Lebens, da wichtige Voraussetzungen desselben, die Wertung der Person und ihrer Leistungen, die Besetzung von Stellen, die Anordnung von Schutzmaßnahmen (z. B. einer Vormundschaft) nach sachlichen Gesichtspunkten, in Frage gestellt werden. Im nationalsozialistischen Staat, der ein starkes, sittlich gesundes Volk erstrebt und unbedingte Sauberkeit des öffentlichen Lebens verlangt, wird gleichgeschlechtlicher Verkehr zwischen Männern mit Gefängnis, unter erschwerenden Umständen mit Zuchthaus bestraft. **Homosexualität** w, gleichgeschlechtliche Liebe.

aus: Der Volks-Brockhaus. Brockhaus Verlag, Leipzig 1938

M 4

Über Homosexualität:
Die weit verbreitete unreflektierte Verurteilung der Homosexualität als widernatürliches schuldhaftes Verhalten darf nicht beibehalten werden. Die christliche Verkündigung sieht den Sinn der menschlichen Sexualität in der dauerhaften Beziehung eines Mannes und einer Frau. Diese Personalisierung wird bei vielen Formen der Homosexualität verfehlt, sodass keine dauerhafte Partnerbeziehung, sondern häufiger Partnerwechsel entsteht.
Die evangelische Kirche versteht die Homosexualität als Fehlform und lehnt ihre Idealisierung ab. Das ist aber eine andere Beurteilung als die frühere moralisch verurteilende, die die Bestrafung als einzige Reaktionsmöglichkeit kannte. Das Wissen um die Personalisierung der Sexualität eröffnet heute Möglichkeiten der seelsorgerlichen und therapeutischen Hilfe für diese Menschen.
Kinder und Jugendliche müssen vor Verführung, Werbung und Propaganda für Homosexualität geschützt werden.

aus: Denkschrift zu Fragen der Sexualethik (1971), in: Die Denkschriften der Ev. Kirche in Deutschland „Ehe, Familie, Sexualität, Jugend“, Bd. 3, Gütersloh 1981, Abschnitt 67, 68

M 5

Homosexualität *[Bw. homosexuell: v. homo-, lat. sexualis = geschlechtlich].* Homophilie, Homoerotik, Sexualinversion. Ausrichtung des sexuellen Verhaltens […] auf Partner des eigenen Geschlechts: Ggs.: Heterosexualität. H. ist bei Tieren außerordentlich selten und tritt nicht wie beim Menschen konstitutionell, sondern v. a. unter Bedingungen sexueller Deprivation bei Männchen auf. So wurde H. in den reinen Männchengruppen v. Tierarten beobachtet, die Harems bilden. Auch bei Zootieren kommen homosexuelle Handlungen vor. Diese Individuen kehren jedoch bei gegebener Gelegenheit zu heterosexuellem Verhalten zurück. Ähnl. Formen der H. gibt es beim Menschen z. B. in Gefängnissen, während die freiwillige, charakterl. fixierte H. des Menschen (ca. 5%) bei Tieren nicht vorkommt. Auch H. im weibl. Geschlecht ist praktisch nur vom Menschen bekannt.

aus: Lexikon der Biologie. Herder, Freiburg, Basel, Wien 1985, S. 267 © Spektrum Akademischer Verlag, Heidelberg

M 6

3. Mose 20,13

Wenn jemand bei einem Manne liegt wie bei einer Frau, so haben sie getan, was ein Gräuel ist und sollen beide des Todes sterben; Blutschuld lastet auf ihnen.

aus: Lutherbibel, revidierter Text 1984. Mit Genehmigung der Deutschen Bibelgesellschaft, Stuttgart

M 7

Röm 1,18.26 ff.

18Der Zorn Gottes wird vom Himmel herab offenbart wider alle Gottlosigkeit und Ungerechtigkeit der Menschen, die die Wahrheit durch Ungerechtigkeit niederhalten.
26Darum lieferte Gott sie entehrenden Leidenschaften aus: Ihre Frauen vertauschten den natürlichen Verkehr mit dem widernatürlichen;
27ebenso gaben die Männer den natürlichen Verkehr mit der Frau auf und entbrannten in Begierde zueinander; Männer trieben mit Männern Unzucht und erhielten den ihnen gebührenden Lohn für ihre Verirrung.

aus: Einheitsübersetzung der Heiligen Schrift. Katholische Bibelanstalt, Stuttgart 1980

M 8

Agenten dürfen homosexuell sein

Labour beendet „Diskriminierung"

LONDON (dpa). Bewerber um einen Agenten-Job beim britischen Inlandsgeheimdienst (MI5) dürfen auch homosexuell sein. Nach Jahrzehnten der Ausgrenzung, in denen das Sicherheitsrisiko aufgrund möglicher Erpressungsversuche durch den Feind höher eingestuft wurde, will die neue britische Labour-Regierung eine Politik der Gleichstellung durchsetzen, meldete am Sonntag die „Sunday Times". Auch die Abhörzentrale der Regierung (GCHQ) sei darüber informiert worden, dass Diskriminierung Homosexueller nicht mehr toleriert werde.

aus: Hannoversche Allgemeine Zeitung, 26.05.1997

M 1

Dänische Kirche traut Homosexuelle

KOPENHAGEN (gam). Nach dem Standesamt steht homosexuellen Paaren in Dänemark nun auch der Gang zum Traualtar offen. Eine von den Bischöfen der evangelischen Volkskirche eingesetzte Arbeitsgruppe kam nach zweijährigen Studien zu dem Schluss, dass die „registrierte Partnerschaft" von Schwulen und Lesben „nicht in Widerspruch zu Lehre und Moral der Kirche" stehe. Es gebe keine haltbaren theologischen Argumente gegen einen kirchlichen Segen homosexueller Paarbeziehungen, heißt es in dem Bericht. Hingegen gebe es gewichtige Gründe, eine Segnung der Partnerschaft zu ermöglichen.

Den Bischöfen werden drei Rituale vorgeschlagen, nach denen die Trauung vollzogen werden kann. Gemeinsam ist ihnen, dass die Paare vor dem die Zeremonie verrichtenden Pastor bekräftigen, in Liebe und Treue mit dem gewählten Partner leben zu wollen. Nun ist es Sache der Bischöfe, die Segnung in ihren Bistümern zuzulassen. Die Teilnahme daran ist freiwillig: kein Pastor kann gezwungen werden, homosexuelle Paare zu trauen.

aus: Hannoversche Allgemeine Zeitung, 22.05.1997

M 2

SCHWULE

Der Anteil der ausschließlich Homosexuellen unter Männern liegt nach Schätzungen bei **4 bis 5 Prozent**. In Helsinki trafen sich Paare zu einer inoffiziellen Trauung (r.).

LESBEN

Mit etwa **1 bis 3 Prozent** wird der Anteil der ausschließlich homosexuell Orientierten bei den Frauen niedriger als bei den Männern geschätzt.

Text aus: FOCUS 9/1997, Foto: dpa, Stuttgart

M 3

Heirat für homosexuelle Paare?

JA

VOLKER BECK

Der 36-jährige Politiker ist rechtspolitischer Sprecher der Bundestagsfraktion von Bündnis 90/Die Grünen.
Volker Beck ist auch Sprecher des Schwulenverbands in Deutschland (SVD)

In Skandinavien erhalten homosexuelle Paare mit dem Gang zum Standesamt die gleichen Rechte wie Eheleute. Das Abendland ist dennoch nicht untergegangen. Bei uns sind schwule und lesbische Paare rechtlos. Dagegen helfen weder Verträge noch Testamente.

Das Bundesverfassungsgericht konstatierte „vielfältige Behinderungen“ der „privaten Lebensgestaltung“ und „Benachteiligungen gegenüber Ehepaaren“. Es hat aber eine Entscheidung verweigert und den Ball dem Parlament zugespielt.

Karlsruhe lässt dem Gesetzgeber freie Hand: Er muss nicht, aber er darf den Homosexuellen den Zugang zur Ehe eröffnen. Der Gesetzgeber sollte den gesellschaftlichen Wandel anerkennen. Wenn Menschen füreinander einstehen, muss der Staat dies schützen. Es geht dabei nicht ums Ehegattensplitting. Ohnehin sollte nur Kindererziehung und nicht der Trauschein finanziell gefördert werden. Für die Ausgrenzung der Homosexuellen spricht nur das dumpfe: „Das war schon immer so!“ Die Gesellschaft denkt hier aber viel liberaler als die Bonner Regierung. Laut Meinungsumfragen befürwortet inzwischen eine Mehrheit die Ehe für Homosexuelle. Vor 100 Jahren wurde in Berlin die erste homosexuelle Bürgerechtsorganisation gegründet. Hauptziel war die Streichung des Paragrafen 175, der Homosexualität unter Strafe stellte. Es hat 97 Jahre gedauert, bis die letzten Reste dieses Schandparagrafen getilgt wurden. Die Anerkennung als Bürger mit gleichen Rechten steht immer noch aus. Es darf nicht wieder ein Jahrhundert vergehen, bis Deutschland an den zivilisatorischen Standort Europas anschließt.

NEIN

NORBERT GEIS

Der 58-jährige CSU-Politiker gehört seit 1987 dem Deutschen Bundestag an. Zuvor war er Mitglied des Bayerischen Landtags.
Geis ist Vorsitzender der Arbeitsgruppe Recht der CDU/CSU-Fraktion

Der Versuch von Bündnis 90/Die Grünen, homosexuelle Lebensgemeinschaften der Ehe gleichzustellen, ist nicht neu. Die Argumente sind seit Jahren dieselben. Sie gipfeln immer in dem Vorwurf, unsere Rechtsordnung diskriminiere diese Lebensform, indem sie die Gleichstellung mit der Ehe verweigert. Die Grünen verkennen jedoch den wesentlichen Unterschied zwischen der gleichgeschlechtlichen Lebensgemeinschaft und der Ehe. Die Ehe wird von unserer Verfassung deshalb in besonderer Weise geschützt und privilegiert, weil sie auf die Zeugung und Erziehung der gemeinsamen Kinder ausgerichtet ist. Dies bestätigen die Gerichte bis hinauf zum Verfassungsgericht in ständiger Rechtsprechung. Bislang haben die Gerichte alle Versuche, die homosexuelle Partnerschaft der Ehe gleichzusetzen, zurückgewiesen. Die Ehe wird von der Verfassung nicht deshalb privilegiert, weil sich zwei Menschen zu einer Lebensgemeinschaft zusammengeschlossen haben, sondern weil die Ehe auf die Familie ausgerichtet ist. Die Familie ist die kleinste gesellschaftliche Einheit und Ausgangspunkt der Sozialisation des Menschen. Durch sie regeneriert sich unsere Gesellschaft. Das können gleichgeschlechtliche Partner naturgemäß nicht leisten.

Das ist der wesentliche Unterschied zwischen solchen Formen des Zusammenlebens und der Ehe und Familie. Deshalb ist eine rechtliche Gleichstellung beider Lebensformen ausgeschlossen. Das anzuerkennen und dafür einzutreten hat nichts mit Diskriminierung zu tun. Etwas ganz anderes ist, dass bei uns niemand wegen seiner sexuellen Eigenart benachteiligt oder gar verfolgt werden darf. Daran wird sich nichts ändern.

aus: FOCUS 20/1997. Fotos: Volker Beck, privat; Norbert Geis, Frank Ossenbrink, Bonn

Wo lässt eine Schülerin ihr Baby?

Den 29. Dezember 1989 werde ich nie vergessen. An diesem Tag kam meine Tochter zur Welt und veränderte mein Leben von Grund auf. Ich war ein Vierteljahr mit meinem ersten Freund zusammen gewesen, als es passierte.

Einen Moment lang wusste ich, dass es passiert war; aber ich verdrängte diesen Gedanken und unternahm erst einmal nichts – auch nicht, als meine Periode aussetzte. Nach zwei Wochen über der Zeit wurde mir jedoch angst und bange. Mein Freund und ich entschieden uns, seine große Schwester um Rat zu fragen. Sie empfahl uns einen B-Test. Wir bekamen aber kein genaues Ergebnis und weihten daher seine Mutter ein. „Das ist eine Sache, die ihr allein für euch entscheiden müsst; von mir könnt ihr keine Hilfe erwarten", sagte sie in ihrem ersten Schrecken. [...]

Mein Freund machte mit mir alle Gänge: zu Pro familia und zum Arzt (mein erster Besuch bei einem Frauenarzt). Er hatte auch vor, mich zur Abtreibung zu begleiten. Am Abend vor dem geplanten Abbruch erhielt ich Besuch von meiner besten Freundin; sie war Leiterin der Nachkonfirmandengruppe, an deren Zusammenkünften ich regelmäßig teilnahm. Sie sprach für das Kind, bot mir Hilfe an und hatte dabei mit den Tränen zu kämpfen. Das brachte mich in einen Gewissenskonflikt; doch blieb ich bei dem Entschluss, dass ich meine Freiheit nicht für das Kind aufgeben wollte.

Am schwersten Morgen meines Lebens machte ich mich auf den Weg zu meinem Freund. Aber ich hatte mein Köfferchen mit den für die Abtreibung nötigen Dingen vergessen. Meine Mutter, die mich begleitete, nahm das als Zeichen dafür, dass ich meine Meinung geändert hätte. In diesem Augenblick erkannte ich, dass ich mich der ganzen Prozedur noch „entziehen" konnte. Mit dieser Wende setzte ich ihn vor vollendete Tatsachen. Er fühlte sich wohl wie vor den Kopf gestoßen. Als wir „unseren" Entschluss den Sprechstundenhilfen mitteilten, lächelten sie und gratulierten uns. [...]

Ein Vierteljahr nach der Geburt meines Kindes beendete ich die Beziehung mit dessen Vater. Plötzlich drehte sich nur noch alles um den Termin meines Auszugs. Ich fühlte mich wie das fünfte Rad am Wagen: Die wollten mich loswerden, und bei meiner Mutter war kein Platz. Und wer gibt einer siebzehn Jahre alten Schülerin schon eine Wohnung? Zum Glück nahm mich ein Freund meiner Mutter in einem seiner zwei Zimmer mietfrei auf.

Nachdem ich ein Jahr mit der Schule ausgesetzt hatte, kehrte ich in meine alte Penne zurück. Ich kam in die Klasse meiner jüngeren Schwester, in der ich schon einige Leute kannte und mochte. Das Übel war nur, dass ich einen Klassenlehrer bekam, von dem ich gehofft hatte, dass ich ihn während meiner Schullaufbahn nie wieder würde ertragen müssen. Er und eine weitere Lehrerin machten mir das Leben schwer, weil ich jeden Morgen fünf Minuten zu spät zum Unterricht kam. Man wollte mich Disziplin lehren und mir drohte schließlich ein Schulordnungsverfahren. Dabei lagen meine Verspätungen – es waren meist wirklich nur fünf Minuten – nicht an mangelnder Disziplin. Ich musste doch die Kleine vor dem Unterricht noch wegbringen. [...]

Ich habe jetzt seit mehr als zwei Jahren eine feste Beziehung. Mein neuer Freund und ich leben seit einem halben Jahr in einer gemeinsamen Wohnung. Alles in allem fühle ich mich oft überfordert, obwohl ich stolz auf meinen Schatz bin. Ich habe kaum Zeit, alles zu erledigen. Von Freizeit ohne Kind darf ich nur träumen. Ich bin oft so müde, dass ich mich nur noch vor den Fernseher setzen kann. [...]

Leider muss ich gestehen, dass ich manche Frauen und erst recht manche Mädchen verstehen kann, die abtreiben. Diejenigen, die keinen Rückhalt in ihrer Familie finden und/oder keinen Mann haben, der für sie sorgt, sind so gut wie aufgeschmissen. Da kann auch keine Behörde mit leeren Versprechungen helfen. Wo sollen die Schwangeren denn hin? Nicht jede hat so ein Glück wie ich, dass sie immer etwas findet. Solange die Männer nicht lernen, mit ihrer Potenz rücksichtsvoll umzugehen, und solange die Gesellschaft nicht kinderfreundlicher wird, halte ich jede Abtreibungsregel für die größte Gemeinheit.

ANONYM

aus: Frankfurter Allgemeine Zeitung, 27.05.1997

M 1

AIDS, Liebe und Angst

Freundschaft, Liebe und Sexualität – das sind Worte, die auf das Verbindende und das Schöne in der zwischenmenschlichen Beziehung hinweisen. Durch Aids wird diese Beziehung mit Angst überlagert. Angst kann zwar zum Nachdenken anregen. Doch Angst allein ist ein schlechter Ratgeber und zwar vor allem in zweifacher Hinsicht:

- Angst gefährdet unsere zwischenmenschlichen Beziehungen. Sobald bekannt wird, dass ein Freund oder eine Freundin testpositiv oder aidskrank sind, werden sie nicht selten wie Aussätzige behandelt. Das führt zum Absterben von menschlichen Beziehungen.

Ja, gerade ein Aids-Kranker braucht erst recht deine Zuneigung. Er darf nicht allein gelassen werden, sondern hat Begleitung auf seinem schweren Weg dringend nötig. Solche Begleitung ist ein Tatbeweis wahrer Nächstenliebe.

- Aids bringt Unsicherheit und Angst in menschliche Beziehungen. Misstrauen stellt sich ein und nicht selten wird Sexualität nur noch angstbeladen erlebt. Trotz Aids ist menschliche Sexualität etwas Gutes und Schönes. Dies zu sehen ist die wichtigste Voraussetzung zu verantwortungsvollem Handeln.

„Ich glaube, mit der Zeit werden die Menschen misstrauisch, vor allem weibliche gegenüber männlichen und umgekehrt. Jeder hat Angst, angesteckt zu werden."
Doris (18)

„Ich gaube, jeder Mensch ist jetzt vorsichtiger geworden oder hat Angst. Für einige ist es vielleicht schon zu spät, über die Angst nachzudenken."
Helena (15)

„Es gibt auch weniger Beziehungen, die nur von kurzer Dauer sind. Die Menschen werden somit gezwungen, etwas zu denken und dann zu handeln und nicht umgekehrt."
Elisabeth (18)

„Aidskranke Menschen werden aus der Gesellschaft ausgeschlossen, das finde ich einfach nicht gut."
Roland (14)

„Wenn jetzt zum Beispiel mein Freund Aids hätte, wäre ich wahrscheinlich sehr verzweifelt."
Heidi (17)

aus: AIDS – steck Dich nicht an, Schulamt der Stadt Zürich, Sonderdruck der Reihe „Schule und Elternhaus", 1987, in: Hilfen für die schulische Erziehung im ethischen Bereich der Aids-Problematik für Sek I, NLI, Hildesheim 1989

M 2

Eine Predigt zum Thema AIDS

Es ist darum absolut unchristlich, einen Menschen, der sich angesteckt hat, an den Pranger zu stellen, was durch eine namentliche Meldepflicht meines Erachtens allzu leicht geschehen könnte. [...]
Im Umgang mit den Betroffenen verpflichtet uns das Wort und Beispiel Jesu. Als man ihm einmal einen Blindgeborenen brachte, stellten die Jünger ihm die menschlich-allzumenschliche Frage, wer denn wohl gesündigt habe, der unglückliche Mensch da oder seine Eltern. Jesus weist die Frager schroff in ihre Schranken und antwortet: „Weder er noch seine Eltern haben gesündigt, sondern das Wirken Gottes soll an ihm offenbar werden" (Joh 9,3). Und er macht ihn gesund. [...]
Das Verlangen nach persönlichen Schuldzuweisungen weist Jesus also scharf zurück. Wie hier ist sein Blick niemals auf die Vergangenheit eines Menschen gerichtet, sondern auf seine Zukunft. Er bemüht sich nicht, auch und gerade wenn er Sünden vergibt, die Vergangenheit eines Menschen zu ergründen, sondern ihm eine Zukunft zu ermöglichen: zu heilen. Gewiss stellt Jesus nicht geringe Anforderungen an den Menschen. Die Bergpredigt, etwa mit dem Gebot der Feindesliebe, ist dafür das beste Beispiel. Auf die Bergpredigt aber folgt im Matthäusevangelium – und diese Anordnung ist vom Evangelisten sorgfältig geplant – ein Zyklus mit zehn Beispielen der Heilungstätigkeit Jesu. Jesus weiß, wenn er hohe sittliche Ideale aufstellt, auch um die Gebrochenheit des Menschen, und darum wird er wortwörtlich und buchstäblich als „Heiland" tätig. – Wie heilte Jesus? Jesus heilte – das kann man durchgängig beobachten – indem er den Menschen seine intensive Zuwendung schenkt und gerade die Zurückgestoßenen seine liebende Nähe spüren lässt. Dadurch überwindet er vor allem die Aussonderung der Menschen, ihre soziale Isolierung und setzt heilende Kräfte frei. Beispielsweise berührt er einen Aussätzigen (vgl. Mk 1,40.45), obgleich die Gefahr der Ansteckung bei Leprösen allein schon durch den Kontakt ungemein gegeben war.
Das Beispiel Jesu müsste auch Modell für das Verhalten einer Gemeinde sein, die sich nach ihm christlich nennt und sich auf ihn beruft. – Ich habe erfahren, dass sich in einer katholischen Gemeinde in NRW schon vor einem Jahr ein Kreis gebildet hat, der sich als Ansprechpartner für von AIDS Infizierte anbietet. Man kennt dort keine Berührungsängste; schließlich weiß man, dass man sich beim normalen alltäglichen Umgang nicht anstecken kann. Man weiß aber auch, wie schrecklich die soziale Isolierung für die Betroffenen und ihre Angehörigen ist. Natürlich kann man nicht die physischen Symptome heilen, man kann aber die seelischen und sozialen Folgeerscheinungen mildern. Demütigende Gänge zu den Behörden werden den Betroffenen abgenommen. Die Gruppe vermittelt Anschriften von Zahnärzten, die bereit sind, auch AIDS-Kranke zu behandeln. Mitglied ist auch ein Arzt, der den Helferkreis berät. – Es sei nicht verschwiegen, dass dieser Kreis es mit seiner Arbeit nicht leicht hat. Die Mitglieder müssen mit gesellschaftlichen Vorurteilen rechnen, ja, wie mir erzählt wurde, mit Beschimpfungen leben. Was sie tun, nenne ich aber wahrhaft christliches Verhalten. Ihre Arbeit möchte ich als Anregung vorstellen. Schließlich gilt es nicht nur, das Wort unseres Herrn zu beherzigen: „Richtet nicht, damit ihr nicht gerichtet werdet!", sondern auch die Mahnung des Apostels Paulus im Römerbrief: „Nehmt einander an, wie auch Christus uns angenommen hat, zur Ehre Gottes" (Röm 15,7).

aus: Sexualethische und sexualpädagogische Denkanstöße, Hilfen und Aufgaben angesichts der AIDS-Problematik. Bischöfliches Generalvikariat, Osnabrück 1987, S. 82 ff.

M 3

Wenn ein Freund AIDS hat…

Ernsthafte Krankheiten sind eine alltägliche Tatsache. Trotzdem stellen sich mit AIDS für alle, die damit zu tun haben, neue Herausforderungen: nicht nur für die einzelnen Menschen, die AIDS haben, sondern auch für deren Freunde. Menschen in ihren besten Jahren erkranken, und ihre Lebensaussichten sind schwer beeinträchtigt. Ihr Leiden und ihre Angst werden von denen, die ihnen nahe stehen, geteilt.

Oft fühlt man sich hilflos oder überfordert, wenn jemand, den man kennt, krank wird, besonders eine ernste Krankheit wie AIDS bekommt. Wenn es sich um einen engen Freund handelt, wird man zu ihm sagen: „Ruf mich doch an, wenn du irgendetwas brauchst…“ Dann mag man sich aus Furcht oder Unsicherheit flau fühlen, wenn der Anruf erfolgt. Hier sind einige Gedanken und Vorschläge, die dabei helfen können, jemandem zu helfen, der schwer erkrankt ist.

- Meide ihn nicht. Sei in seiner Nähe – das gibt Hoffnung. Sei der Freund, der du immer gewesen bist, denn jetzt kommt es besonders darauf an.
- Berühre ihn. Ein einfacher Händedruck oder eine Umarmung kann ihn spüren lassen, dass er nicht verlassen ist. (Keine Angst… durch einfache Berührungen kann man sich nicht mit AIDS anstecken.)
- Ruf ihn an, bevor du vorbeikommst. Vielleicht fühlt er sich an dem Tag nicht nach Besuchern. Zögere nicht, erneut anzurufen und ein anderes Mal vorbeizuschauen. Er braucht dich. Vielleicht ist er einsam und hat Angst.
- Weine mit ihm, wenn er weint. Lache, wenn er lacht. Zögere nicht, diese intimen Erfahrungen zu teilen. Sie können für euch beide wertvoll sein.
- Ruf an und sag ihm, du bringst sein Lieblingsessen mit. Sag ihm genau, zu welcher Zeit du kommen wirst. Nimm dir die Zeit, gemeinsam zu essen. Nimm ihn zu einem Spaziergang oder Ausflug mit, aber erfrage und berücksichtige seine eingeschränkte Belastbarkeit.
- Ruf an und frag ihn nach notwendigen Einkäufen und bring ihm die Sachen vorbei.
- Lass dir etwas einfallen. Bring ihm Bücher, Zeitschriften, Musikkassetten, Plakate als Wandschmuck, selbst gebackene Kekse oder Naschsachen. All das ist jetzt besonders wichtig. Bring noch einen alten Freund mit, der vielleicht bisher noch nicht vorbeigekommen ist.
- Scheu dich nicht, nach seiner Krankheit zu fragen. Vielleicht hat er das Bedürfnis, über seinen Gesundheitszustand zu sprechen. Finde heraus, ob er darüber sprechen möchte.
- Denke nicht, dass ihr beide dauernd reden müsst. Es ist völlig in Ordnung, bloß zusammen zu sein und zu lesen, Musik zu hören, fernzusehen, sich an den Händen zu fassen. Vieles lässt sich ohne Worte ausdrücken.
- Hilf ihm dabei, sich über sein Aussehen keine Sorgen zu machen, soweit das möglich ist. Sag ihm, dass er gut aussieht, aber nur, wenn das glaubwürdig ist. Wenn sich sein Aussehen verändert, dann geh darüber nicht hinweg. Gib die Tatsachen zu, aber sei behutsam. Sei vor allem ehrlich.
- Beziehe ihn mit ein, wenn es um Entscheidungen geht. Er ist so vieler Dinge beraubt worden und hat schon über so viele Aspekte des Lebens die Kontrolle nicht mehr. Versage ihm die Chance nicht, Entscheidungen zu treffen, egal, wie unerheblich oder albern es dir vorkommen mag.
- Sag ihm, was du für ihn tun möchtest, und mache es auch, wenn er zustimmt. Halte alle Versprechungen ein, die du gibst.
- Sei darauf vorbereitet, dass er „ohne ersichtlichen Grund“ auf dich böse werden kann, obwohl du ihn besucht hast und alles getan hast, was du konntest. Lass ihm das durchgehen, und nimm es nicht persönlich. Fühl dich ein bisschen geschmeichelt, dass er genügend Nähe zu dir verspürt, um dich an Ärger und Enttäuschung teilhaben zu lassen.
- Sprich mit ihm über die Zukunft… morgen, nächste Woche, nächstes Jahr. Hoffnung ist wichtig für ihn.
- Bring eine positive Grundhaltung an ihn heran. Das wirkt ansteckend.

aus: DAH-Faltblatt „Wenn ein Freund AIDS hat …“. © Deutsche AIDS-Hilfe e. V., Berlin

Vorbemerkung

Das Thema „Verantwortete Partnerschaft" sollte nicht als problemorientiertes Randthema des Religionsunterrichts betrachtet werden. Ausgehend von der alttestamentlichen Bundestheologie kann auch das Verhältnis Mensch – Gott als spezifische Partnerschaft definiert werden, wobei dieser „Partnerschaftsgedanke" zu den exklusiven Theologoumena jüdisch-christlicher Überlieferung zählt und anderen Weltreligionen, wie z. B. dem Islam, durchaus fremd ist. Ziel der Arbeitsblätter soll es sein, diese Zusammenhänge – zumindest in Ansätzen – den Schülerinnen und Schülern deutlich zu machen, um somit auch dem Vorurteil zu begegnen, wonach sich Religion und „Kirche" bei Partnerschaftsfragen möglichst zurückhalten sollten. Für Schülerinnen und Schüler spielt das Thema Partnerschaft eine immer größere Rolle, wohingegen im weitesten Sinne öffentliches Engagement, also auch politisches und kirchliches, in den Hintergrund zu treten scheint. So haben die Arbeitsblätter zunächst auch immer einen Schwerpunkt im „privaten" Bereich, der jedoch in der Vertiefung auf gesellschaftliche und theologische Fragen bezogen wird. Eine Engführung auf biblische Bezüge ist aber vermieden worden.

Die behandelten Themenschwerpunkte:

- Freundschaft,
- Rollenverständnis,
- Dimensionen der Liebe,
- Sexualität,
- Sünde,
- Ehe,
- Homosexualität,

können auch sequenziell im Unterricht erarbeitet werden. Die spielerischen Zugänge (Rollenspiele, Fragebogen usw.) ermöglichen den Schülerinnen und Schülern untereinander und mit dem Lehrer/der Lehrerin ins Gespräch zu kommen.
Erfahrungsgemäß sind Schülerinnen und Schüler zwar sehr interessiert, wenn Themen wie „Liebe, Ehe, Freundschaft" im Religionsunterricht zur Sprache kommen, das Unterrichtsgespräch gestaltet sich dann aber oft schwierig, weil man nichts vermeintlich Intimes preisgeben möchte. Es ist deshalb auch zu empfehlen, die Beantwortung von Fragebögen usw. grundsätzlich nur nach freiwilliger Meldung in das Unterrichtsgeschehen einzubeziehen.

A 1

M 1 – M 5: Das Grundbedürfnis nach menschlicher Kommunikation wird in der Mediengesellschaft als wirtschaftlicher Faktor schnell erkannt und unter den Stichwörtern „Fortschritt" und „Modernität" vermarktet. Isolation ist oft die Folge – der menschliche Gesprächs- oder Interaktionspartner wird durch ein technisches Gerät substituiert. Emotionale Zuwendung und rührende Fürsorge werden einem virtuellen Haustier (M 1, M 3, M 4) oder dem PC (M 2) geschenkt. Freizeit wird nicht mehr zur Möglichkeit der Begegnung, die innere Isolation findet in der äußeren ihre Fortsetzung (M 5). Medienkonsum und intensive Gestaltung der eigenen Welt sind Ausdruck einer Uniformität, einer Art „ritueller Handlung", einer Passivität, die „echte" Gemeinschaft und Zuwendung sowie kreativen und interaktiven Diskurs verdrängt, wobei gleichzeitig die Sehnsucht danach wächst. Den Schülerinnen und Schülern ist ein Tamagotchi sicher ein Begriff. Ausgehend von M 1 und unter Berücksichtigung von M 3 und M 4 können Argumente für und gegen den Besitz eines Tamagotchis ausgetauscht werden. M 2 bezieht den Umgang mit dem PC mit ein. Gründe für den extensiven Umgang mit den technischen Geräten sollen von der Klasse zusammengetragen werden, Chancen und Gefahren in den Blick kommen. Verläuft die Diskussion in der Lerngruppe zu „kritiklos", kann die Frage, welche der genannten Eigenschaften eines Wunschpartners (A 2 M 1) denn Tamagotchi und PC erfüllen, das Problembewusstsein wecken. Interessant wäre auch eine von der Lerngruppe entwickelte Umfrage unter den anderen Klassen des Jahrgangs, z. B. in Bezug auf ein Tamagotchi.

Arbeitsanweisungen:

- Vergleicht M 1 und M 2. Die Überschriften „Eierkrise" und „Weg-Zeichen" sind Ausdruck von Kritik. Was wird kritisiert?
- Sammelt Argumente für und gegen ein Tamagotchi und diskutiert sie.
- Schreibt einen Artikel zu M 2, der die Absichten des Zeichners zum Ausdruck bringt.

A 2

M 1 – M 5: Die Auseinandersetzung mit der eigenen Rollenprägung, den Erwartungen von anderen, aber auch die Vorstellungen vom Rollenverhalten eines potenziellen Partners gehören zur Identitätsfindung. Die Materialien dienen dazu, dass Jungen und Mädchen der Lerngruppe ins Gespräch kommen, sich Erwartungen, Erfahrungen, Ängste und Hoffnungen bewusst machen und sie austauschen. Im Zentrum wird die Diskussion um die „klassische Rollenverteilung/Rollenerwartung“ stehen. Häufig führt diese Diskussion auch zu Beispielen, wie sich Jungen Mädchen nähern und umgekehrt. Hier ergibt sich ein Bezug zu A 12 „Anmache“. Die Einzelbearbeitung von M 1 und deren statistische Auswertung führt direkt zu den Fragen von M 2 und M 3.

Arbeitsanweisungen:
- Mit welchen Aussagen von M 2 und M 3 stimmt ihr überein, welche lehnt ihr ab?
- Entwerft ein „Wunschbild“ von euch selbst: Aber ich bin ich – Sebastian …

A 3

M 1 – M 5: Die Wertschätzung der eigenen Person hängt oft vom Vergleich mit Vorbildern ab, denen man in als erstrebenswert betrachteten Eigenschaften ähnlich sein möchte. M 1 kann als Anregung genommen werden, in der Lerngruppe eine eigene Liste von Vorbildern aufzustellen und Begründungen für die Vorbildfunktion der genannten Personen zu nennen. Dabei ist es sinnvoll, die Vorbilder verschiedenen Gruppen zuzuordnen (Schauspieler, Musiker, Sportler, Schriftsteller, Verwandte). Vermutlich werden die Mädchen andere Vorbilder akzeptieren als die Jungen (vgl. A 2 M 2 und M 3). Als besondere Merkmale der Vorbilder könnten genannt werden: Berühmtheit, Erfolg, Reichtum, Unabhängigkeit, Mut, Sportlichkeit, Attraktivität usw. M 3 und M 4 verdeutlichen, dass hinter den Vorbildern Wünsche an die eigene Person stehen. Defizite, die man an sich wahrzunehmen meint, werden in einem zukünftigen Ideal-Ich „überwunden“ (M 4: Später …).
M 5 spricht das Schönheitsideal Schlankheit an. Ausgehend von dem Artikel sollte auch das Problem von Essstörungen angesprochen werden. Einstieg in die Bearbeitung kann eine mitgebrachte Barbie- bzw. Ken-Puppe sein, die das gegenwärtige Schönheitsideal verkörpert. Den Zusammenhang Figur und eigene Befindlichkeit gibt auch M 4 wieder.

Arbeitsanweisungen:
- Welche der Personen könnte auch euer Vorbild sein? Begründet.
- Schreibt aus der Sicht von Gesa/Sonja einen Tagebucheintrag „So möchte ich sein“.
- Würdet ihr Sonja einen regelmäßigen Besuch im Fitnessstudio als Lösung ihrer Probleme empfehlen?

M 6 – M 8: Anhand dieser Materialien soll herausgearbeitet werden, was Menschsein/Ichsein im biblischen Sinne bedeutet. Menschsein ist ein Prozess des Werdens (M 6), der dem Menschen nicht von außen abgenommen werden kann, der ihm „mitgegeben“ worden ist (M 8). Die „Gottebenbildlichkeit“ befreit den Menschen nicht von der „Arbeit an sich selbst“, um zu dem zu werden, der er vor Gott sein soll. So wie der Palmbaum (M 7) im Entstehen ist, zwar noch nicht ausgearbeitet, aber in seinen Grundzügen angelegt, kann der Mensch sich auch nicht „unbegrenzt“ entfalten, er muss sich realistisch mit seinen Fehlern und Schwächen lieben lernen, was nicht bedeutet, dass er nicht an diesen arbeiten sollte. Die Bearbeitung der Materialien könnte mit M 7 einsetzen: Beschreibung der Mühe, die bisher vom Künstler aufgewandt worden ist, die Mühe, die er noch aufwenden muss, wenn er alles ausarbeiten will (Vergleich mit A 6 M 1), dort ist die Ausarbeitung erfolgt, jedoch nur auf den ersten Blick handelt es sich um „dieselbe“ Palme). Damit ist die Überleitung zu M 6 und M 8 hergestellt.

Arbeitsanweisungen:
- Beschreibt das Bild.
- Arbeitet einen Teil der Palme selbst zeichnerisch aus.
- Vergleicht dieses Bild mit A 6 M 1.
- Wenn Gott zu dem Menschen spricht, welchen Sinn hat es dann noch, davon zu reden, den „Menschen erschaffen“ zu wollen?

A 4

In den Arbeitsblättern A 4 – A 8 wird das Thema Sexualität mit dem biblischen Sündenbegriff verknüpft. Dabei soll die weit verbreitete und vermeintlich als christliche (kirchliche) Grundeinstellung angenommene Gleichsetzung „Sexualität ist Sünde“ durchbrochen werden. Grundlegend hierfür ist eine Klärung des biblischen „Sündenbegriffes“ exemplarisch an der Geschichte, die traditionell als Begründung für diese Gleichsetzung angeführt wird, der so genannte Sündenfall in Genesis 3.

M1 – M5: Die Passage aus dem Hohen Lied ist hier bewusst in moderne Liebeslyrik, die auf strenge Formen wie Versmaß und Reim verzichtet, eingebettet und sollte auch als solche – unter ausdrücklichem Hinweis auf die erotische Metaphorik – behandelt werden. Exegetische Informationen zum Hohen Lied werden im Arbeitsblatt A 13 nachgereicht. Zur unterrichtlichen Umsetzung bieten sich unterschiedliche kreative Zugänge an:

- Verse oder Strophen in neuer Reihenfolge vorgeben und dann ordnen lassen,
- Gedichte weiterschreiben,
- Weggelassene Strophen oder Verse ergänzen,
- Einzelne zentrale Worte oder Metaphern vorgeben und neue Gedichte verfassen,
- Gedichte „mischen",
- eigene Liebeslyrik vorstellen lassen (ggf. „Mein Lieblingsgedicht"/„Mein schönster Liebessong" oder je nach Lerngruppe auch Eigenproduktionen einbringen),
- Erstellen eines „Poesiealbums" mit besonders „kitschigen"/„gelungenen" Liebesgedichten / Sprüchen …

A 5

M 1–M 3: Liebe und Sexualität werden in diesen Materialien verbunden mit religiösen Aspekten. Dabei werden zum einen allgemeine Tabus durchbrochen (M 1) zum anderen angeblich religiöse Tabus (M 2: biblische Einordnung von Sexualität „als Sünde") angesprochen. Das dem Foto (M 1) zugrunde gelegte Fresko „Abendmahl" von Leonardo da Vinci wird der Lerngruppe in der Regel nicht bekannt sein. Ausgehend vom Artikel kann, nach einer ersten spontanen Reaktion und Diskussion, ein Vergleich mit dem Fresko das Unterrichtsgespräch sicher vertiefen. Je nach Interesse und Vorkenntnis der Schülerinnen und Schüler ist eine Auseinandersetzung mit den Themen „Religiöse Bilder als Bekenntnis" und „Können christliche Symbole getrennt von ihrem theologischen Inhalt neutral verwendet werden, oder stellt nicht jede Übernahme eines solchen Symbols Zustimmung/Ablehnung, Ernsthaftigkeit/Provokation … dar?" möglich. M 3 wird von der Lerngruppe kaum eingeordnet werden können, denn die „nicht jungendfreien Stellen" sind wahrscheinlich unbekannt, daher könnten hier Vermutungen über deren Inhalt angestellt werden. Im Anschluss daran wäre eine Behandlung des Hohenliedes (A 13 M 1 und M 2, bzw. A 4 M 2) möglich. Die Lektüre des vollständigen vierten Kapitels im Hohenlied kann den offenen, natürlichen Umgang mit Sexualität als guter Gabe Gottes verdeutlichen:

- Vers 11 Honig und Milch sind unter deiner Zunge → Zungenkuss,
- Vers 12 verschlossener Garten, eine verschlossene Quelle → Jungfräulichkeit,
- Vers 13 wie ein Lustgarten … mit edlen Früchten → sexuelle Erfüllung,
- Vers 15 Gartenbrunnen, Born lebendigen Wassers → zukünftige sexuelle Freuden, Nachkommen,
- Vers 16 Mein Freund komme in seinen Garten und esse von seinen edlen Früchten → Zustimmung zum Liebesakt.

Arbeitsanweisungen:
- Beschreibt verschiedene Reaktionen auf solch eine Werbung, nennt dabei mögliche Argumente (M 1).
- Stellt Vermutungen über die Beweggründe der Mutter an, die Bibel ins Bett zu legen (M 2).
- An welche „jugendgefährdenden Stellen" wird die Frau wohl denken (M 3)?

A 6

M 1: Das Bild „Der letzte Schöpfungstag" von M. C. Escher (1926) gibt gleichsam die „Stimmung vor dem Sündenfall" wieder. Harmonie zwischen Mann und Frau, Mensch und Tier, Mensch und Natur, Tier und Tier. Harmonie der Schöpfung mit dem Schöpfer, die sich in Ruhe, Zufriedenheit und zärtlichem Einssein ausdrückt. In der Mitte des Bildes steht die Dattelpalme in „vollendeter" Schönheit. Anders als in A 3 M 7 – diese Studie diente dem vorliegenden Bild als Grundlage – ist die Palme hier ausgearbeitet, sie ist nicht im Werden, im Vervollkommnen, sondern in perfekter Harmonie.
Die Welt ist noch „heil und ganz" und im inneren wie äußeren Gleichgewicht mit sich und ihrem Schöpfer. Auf dieser Folie wird dann in der Urgeschichte der so genannte Sündenfall entwickelt und verdichtet. Das Bild könnte im Unterricht als Folie, ohne Titelangabe, eingesetzt werden. Wenn der Titel bekannt ist, könnte die Suche nach einer geeigneten Überschrift einen vertiefenden Zugang zur Bildaussage ermöglichen, der eher „emotional" gesteuert ist.
Je nach Kenntnisstand der Lerngruppe kann nun ein Rückgriff auf den priesterschriftlichen Schöpfungsbericht erfolgen. Interessant könnte es auch sein, die Schülerinnen und Schüler nach der Bilderschließung aufzufordern, das Bild farbig so zu gestalten, dass die Stimmung eingefangen wird. Die vermutlich unterschiedlichen Ergebnisse könnten in Kleingruppen verglichen und analysiert werden.

Arbeitsanweisungen:
- Beschreibt die Stimmungen, die im Bild enthalten sind.
- Sucht passende Bildtitel.
- Gestaltet das Bild farbig oder schreibt einen inneren Monolog für Adam oder Eva.
- Versucht zu erläutern, wo Gott in diesem Bild enthalten ist.

M 2: Die vorliegende Perikope gehört zur so genannten Urgeschichte, die die Kapitel 1–11 des ersten Buches Mose umfasst. In diesen verdichteten Bekenntnissen wird die Frage behandelt: „Was ist der Mensch? Es geht um „das Konstante in der Geschichte", nicht um konkrete Historie. Dabei unterliegen Einzelepisoden wie der gesamte Aufbau der Urgeschichte folgendem Schema:

- Darlegung der Situation, wie sei sein sollte,
- Verstoß des Menschen gegen von Gott gegebene Regeln,
- Gott räumt Möglichkeiten zum „Geständnis" ein (häufig in Form von Fragen),
- der Mensch lässt diese Chance der Umkehr und somit der erneuten inneren Zuwendung zu Gott ungenutzt verstreichen,
- Gott straft,
- Gott wendet sich jedoch nicht vom Menschen ab, sondern ermöglicht einen Neuanfang.

Auch die vorliegende Geschichte folgt diesem Schema. „Sünde" ist nicht erst das Hineinbeißen in die Frucht, sondern Sünde setzt ein, als sich der Mensch innerlich von Gott abwendet, die Regeln und deren Lauterkeit infrage stellt ... Die Handlung ist nur letzte, konsequente Folge des inneren „Entfremdungsprozesses". Dieser könnte umgekehrt werden durch ein freiwilliges Bekennen der Schuld (zwei Fragen Vers 9 und Vers 11), also eine erneute Hinwendung zu Gott, in welcher der Mensch allein sein Menschsein leben kann. Der Mensch, der sich von Gott entfremdet, entfremdet sich letztlich von sich selbst und verfehlt gerade darin sein Menschsein (vgl. A 3 M 6). Der Sündenfall ist den Schülerinnen und Schülern in der Regel bekannt. Es bietet sich an, den Text in der Hausaufgabe lesen zu lassen und in der Stunde ausführlich „nachzuerzählen", indem scheinbare Nebensächlichkeiten daraufhin angeschaut werden, was vorausgesetzt und nicht erzählt wird:

- Gedanken Evas im Gespräch mit der Schlange (Verlockung der Allwissenheit, im Vergleich zum „lächerlichen" Ergebnis der Erkenntnis der Nacktheit),
- Adam und Eva verstecken sich – wie war es an den Abenden vorher (vgl. M 1),
- Wieso fragt Gott „Wo bist du?"
  Gott weiß doch alles, er weiß sicher auch ...,
- Abwälzung der Schuld: Adam – Eva – Schlange...

Arbeitsanweisungen:

- Worin besteht deiner Meinung nach die „Sünde"?
- Bis zu welchem Punkt der Geschichte wäre es noch denkbar gewesen, dass Gott den beiden vergibt? Begründe deine Ansicht.

M 3: Dieser Bilderzyklus legt den Schwerpunkt des Sündenfalls auf die Pointe der Geschichte, die Strafe – die Vertreibung aus dem Paradies. Der inneren Distanzierung von Gott folgt als Strafe die räumliche Entfernung aus der Nähe Gottes. Die Anfertigung der Kleider, die als Ermöglichung eines Neuanfanges wichtig sind, findet in den Bildern keinen Niederschlag. Der Bilderzyklus kann als Wiederholung und Festigung der Ergebnisse der Behandlung von M1 und M2 betrachtet werden. Im Vergleich mit der biblischen Fortsetzung von M 2 (Gen 3,14 ff.) ergibt sich folgendes Tafelbild:

Tafelbild zu A 6 M 2/M 3:

Der so genannte „Sündenfall"

- der Mensch soll ...
- aber er tut nicht ...
- Gott bietet durch Frage Chance zur Umkehr (Wo bist du?)
- Mensch nutzt Chance nicht
- erhält eine zweite Chance, die eigene Schuld zu gestehen (Wer hat dir gesagt ...?)
- Chance wird nicht genutzt,
  Mensch schiebt Schuld von sich weg
- Gott straft
- Gott ermöglicht einen Neuanfang, Gott sorgt für den Menschen (Kleidung aus Fellen)

Sünde ist die innere Entfernung/Entfremdung von Gott.
Wendet der Mensch sich von Gott ab, so wendet er sich auch von sich selbst ab.

Arbeitsanweisungen (zum Tafelbild A6 M 2/M 3):
- Beschreibt die Darstellungen.
- Worin besteht die Strafe für Adam und Eva?
- Vergleicht die beiden letzten Bilder mit der biblischen Vorlage (1. Mose 3,14 ff.).

M 4 – M 6: Auf der Basis des bereits Erarbeiteten ist die in diesen Materialien angedeutete Gleichsetzung von Sexualität und Sünde von den Schülerinnen und Schülern leicht zu erkennen und kann im Rückgriff auf M 1und M 2 schnell als Verkürzung des Sündenbegriffes herausgearbeitet werden.

Tafelanschrieb:

- Nicht das Erkennen des Nacktseins (als Hinweis auf menschliche Sexualität gedeutet) ist die Sünde (M 4)
- Nicht das Empfinden von Freude oder Lust ist Sünde (M 5)
- Sünde ist nicht das, was als „unanständig“ gilt (M 6)
- Die Bibel spricht nicht von Sexualität an sich als „Sünde“

M 6 leitet dann auf die Frage des Maßstabes über. Den verschiedenen Beurteilungen der gleichen Handlungen liegen unterschiedliche Maßstäbe und unterschiedliche Kriterien zugrunde (vgl. auch A 14 M 1). Hierbei ist auch herauszustellen, dass der biblische Sündenbegriff in der Regel nicht mit dem umgangssprachlichen gleichzusetzen ist. Redewendungen können diesen Unterschied verdeutlichen (Eine Sünde wert sein …, eine kleine Sünde begehen …, sündhaft teuer sein …, süß wie die Sünde …).

Arbeitsanweisungen:
- Arbeitet heraus, was in den Karikaturen M 4 und M 5 unter „Sünde“ verstanden wird.
- Vergleicht dies mit dem Sündenbegriff im „Sündenfall“ (M 2).
- Bedeutet „unanständig sein“ dasselbe wie in „Sünde sein“?

A 7

M 1 / M 2: Die Sprechmotette versucht den Korinther-Text in die Gegenwart zu übertragen und heutige Fragestellungen hineinzunehmen. Wichtig ist aber, dass der Liebesbegriff zunächst im Sinne des Paulus auf die Liebe Gottes/Christi zu den Menschen beschränkt wird. Die Liebe Gottes und die Liebe zu Gott (der Unterschied lässt sich anhand des Genitivus subjectivus und objectivus erläutern) spiegelt sich in der Partnerliebe, ist mit ihr aber nicht identisch, wie die Stellen aus dem AT und dem NT unterstreichen.

Arbeitsanweisungen:
- Das Hohelied der Liebe wird in dieser Form (M 1) gelegentlich im Gottesdienst „aufgeführt“. Wie würdet ihr einen solchen Gottesdienst gestalten?
- Die Motette kann man auch vertonen. Welche Musik hieltet ihr für angemessen?
- In den Bibelausschnitten (M 1/M 2) ist viel von Liebe die Rede. Inwieweit unterscheidet sich die „Gottesliebe“ von der „Partnerliebe“ zwischen zwei Menschen?

M 3: Das Verhalten des Pelikans lässt sich leicht auf Christus beziehen. Schon in mittelalterlichen Texten taucht diese Geschichte auf und hat Eingang in die christliche Ikonographie (Abendmahlssymbolik) gefunden (vielleicht gibt es in der Nähe Altarbilder, Gemälde, alte Drucke o. ä., auf denen Christus als Pelikan dargestellt wird).

Arbeitsanweisung:
- Überlegt euch eine Geschichte zu dem Satz „Da hört die Liebe aber auf“.

A 8

M 1 – M 3: Das Hungertuch von Sieger Köder kann in seiner vielschichtigen Symbolik in der Kürze nicht umfassend ausgewertet werden. Hier nur einige Aspekte, die über die Erklärungen in M 2 hinausgehen: Symbole, die sich in den Seitenbildern wiederholen: die Regenbogenfarben, Wasser, Völkergemisch, verletzte Hand; Christi Gesicht spiegelt sich rechts oben im Kelch, rechts unten im Wasser. Es bietet sich an, das Bild großformatig zu präsentieren (Folie). Erfahrungsgemäß spricht es die Schülerinnen und Schüler an. Häufig wird die Beobachtung gemacht, dass sich der Blick zuerst auf die Mitte richtet, dann aber schnell an einem der Seitenbilder „hängenbleibt“ In der Regel wird nur die „Sintflutgeschichte“ als biblische Grundlage erkannt, vielleicht noch das Abendmahl. In einem zweiten Schritt sollte in Kleingruppen jeweils eines der vier Seitenbilder auf dem Hintergrund der biblischen Geschichte und unter Berücksichtigung von M 2 ausgewertet werden (Zeitbedarf: sicher 2–3 Unterrichtsstunden):

li oben:	2. Mose 14
	2. Mose 15,20.21 (Mirjamlied)
li unten:	1. Mose 6,5 – 8
	1. Mose 7,24 – 8,19
	1. Mose 9,8 – 17

re oben: Lukas 14,15 – 24
(Gleichnis vom großen Fest)
Matthäus 14,13 – 21
(Speisung der Fünftausend)
Lukas 5,27 – 32
(Jesus beruft den Zöllner Levi)

re unten: Johannes 5,1 – 9 Heilung am Teich Betesda

Nach der Präsentation der Gruppenergebnisse wird das Hungertuch noch einmal als Ganzes in den Blick genommen, und mittels M3 kann dann die Gesamtkomposition sowie die Bedeutung des Mittelbildes in Beziehung zu den Seitenbildern erarbeitet werden. Arntz stellt hier einen Zusammenhang zwischen Auferstehung und Liebe für Heranwachsende nachvollziehbar her: – Gott liebt die Menschen, in Jesus wird er selbst(los) Mensch, – im Gekreuzigten wird Gottes Liebe zu den Menschen sichtbar, – in diesem Geschehen wird aber auch sichtbar, wie jede/jeder sein sollte (furchtlos vor „jedem" Tod, – dem alltäglichen, dem sozialen ...; nicht mehr beherrschbar, zärtlich...), – den Versuch so zu leben, benennt Arntz mit Auferstehung (im/ins Leben). Damit können die Seitenbilder als „Auferstehungsbilder" gedeutet und verstanden sowie mit dem Titel des Hungertuches „Hoffnung den Ausgegrenzten" verknüpft werden.

Arbeitsanweisungen:
– Schaut euch das Gesamtbild genau an. An welchem Bild oder Detail bleibt euer Blick hängen? Könnt ihr erklären warum?
– Beschreibt den Aufbau des Bildes. Entdeckt ihr Symbole, die das gesamte Hungertuch durchziehen?
– Sucht euch eines der vier Seitenbilder aus und beschäftigt euch mit ihm intensiv (arbeitsteilige Gruppenarbeit, ggf. Bibelstellen zur Verfügung stellen).
– Lest M 3 und setzt das Mittelbild in Beziehung zu den Randbildern.
– Wie beschreibt der Text den Zusammenhang von Auferstehung und Liebe?

Mögliches Tafelbild als Abschluss der Gruppenarbeit zu A 8 M 1 und M 2
(modifizieren, je nach konkreten Gruppenergebnissen), ergänzt durch Ergebnisse von **M 3:**

Auferstehung

AT

Auszug aus Ägypten

Gott rettet sein Volk,
macht es frei von Unterdrückung,
führt es in ein eigenes Land

Freude, Tanz, Erleichterung

Krieg in Ex-Jugoslawien...

Arche Noah

Mensch bricht Vertrag mit Gott;
Gott straft in der Sintflut;
neuer Bund mit Noah;

Regenbogen als Zeichen des Bundes

Müllflut...

G E K R E U Z I G T E R

NT

Mahl der vielen

Menschen im gemeinsamen
Mahl vereint, vereint
auch mit Gott (Abendmahl),
befreit von der Sünde
Gemeinschaft, liebevoller

Umgang miteinander

Umgang mit Asylanten...

Teich Betesda

Heilung im Glauben an Gott

Heilung als Zuwendung Gottes im „Heiland"

*Krank vor Einsamkeit,
vor Trauer, aus Scham
der Arbeitslosigkeit...*

Liebe

Zusatzmaterialien:
Folien und Dias zum Hungertuch „Hoffnung den Ausgegrenzten“ sind zu beziehen über:
Misereor, Mozartstraße 9, 52064 Aachen,
Telefon: 0241/422–103.

A 9

M 1: Die ironische Wendung in der Karikatur verweist auf unterschiedliche Erwartungshaltungen, Stimmungen und Selbsteinschätzungen, wenn verschiedene Leute für sich „Verliebtsein“ definieren. Auch von dem geliebten Partner machen wir uns oft ein Bild und sind enttäuscht oder auch verletzt, wenn der Partner diesem Bild, das zumeist eher ein Selbstbild ist, nicht entspricht. Es bietet sich an, nur die zwei ersten Bilder der Karikatur vorzustellen und die dritte von den Schülerinnen und Schülern selbst gestalten zu lassen.

M 2: Mit „Liebe“ assoziiert man ganz unterschiedliche Vorstellungen. Erst durch den Kontext wird klar, ob es sich um Agape (Nächstenliebe), Eros, Partnerliebe, Sexualität o. ä. handelt. Bei der Liebe zwischen zwei Menschen fallen diese Dimensionen zum Teil zusammen.

Arbeitsanweisungen:
- Versucht die Begriffe „Zärtlichkeit“, „Treue“, „Freude“ und „Vertrauen“ den verschiedenen Dimensionen der Liebe (M 2) zuzuordnen.
- Schreibt einen Artikel für ein Jugendlexikon zu den Stichworten „Nächstenliebe“ und „Partnerliebe“.
- Erläutert die Dimension „Ganzheit“. Überlegt dabei zunächst, was wir alles meinen können, wenn wir sagen, diesen Menschen „liebe ich“.

A 10

M 1/M 2: Liebe wird in den Medien und nicht zuletzt in der Werbung vor allem mit Jugend, Dynamik, Aufbruch und Erfolg assoziiert (vgl. M 1). Der Brief der Schülerin zeigt dagegen ein anderes Liebesverständnis, wobei im Wesentlichen die Widersprüchlichkeit der „Erziehung zur Liebe“ zur Sprache kommt. Hier wird auch die religiöse Dimension des Begriffes erfasst (siehe auch: A 9 M 2).

Arbeitsanweisungen:
- Untersucht Werbeanzeigen und Werbespots im Fernsehen in Hinblick auf die Verwendung von „Liebesbeziehungen“.
- Verfasst eine Antwort auf den Leserbrief der Schülerin (M 2).

M 3: Der Text greift die auch in unserer Zeit noch vorhandenen Rollenmuster auf, die speziell bei der „Sexualerziehung“, sofern sie denn überhaupt stattfindet, zu Tage tritt. Wichtig ist herauszustellen, dass beide „Erziehungsmodelle“ in ihrer Verabsolutierung falsch sind und eine wirkliche Partnerschaft zwischen Männern und Frauen verhindern. Sexuelle Erfahrung ist an sich weder „Vorteil“ noch „Nachteil“.

Arbeitsanweisungen:
- Stellt euch vor, Sally und Joe reden über ihre Eltern. Wie würden sie deren Erziehung speziell zum Thema „Sexualität und Ehe“ beschreiben?
- Formuliert einen Brief an Joes oder Sallys Eltern, in dem ihr deren Erziehungsmaßstäbe bewertet.

M 4: Konflikte unter Geschwistern und mit Eltern gehören zum Alltag der Jugendlichen. Die Tagebücher der Geschwister Klaus und Monika beschreiben auf oft sehr direkte Weise (Gewalt), wie sehr die Beziehungen auch innerhalb der Familie von der Sehnsucht nach Liebe und Anerkennung, Eifersucht, „Rangkämpfen“, Missverständnissen, Geltungsdrang usw. geprägt sind. Die Beziehung zu einem Partner außerhalb der Familie muss deshalb häufig erst „erkämpft“ werden, gehört sie doch auch zu der mit dem Erwachsenwerden verbundenen Befreiung aus Bindungen.

Arbeitsanweisungen:
- Das Verhältnis der Geschwister Klaus und Monika ist eher schlecht. Wie kommt es dazu?
- Wenn ihr einen festen Freund/eine feste Freundin hättet, würdet ihr euren Geschwistern davon erzählen oder es geheim halten? Begründet eure Ansicht.

M 5: Zunächst sollte jeder Schüler für sich allein in fünf Minuten die Begriffe auswählen. Danach werden in Kleingruppen (maximal fünf Schülerinnen/Schüler) die Einzelergebnisse ausgetauscht und die Gruppen erhalten 10 Minuten Zeit, ein gemeinsames Ergebnis zu finden, das dann im Plenum vorgestellt und begründet werden soll. Häufig sind die Ergebnisse sehr „homogen“. Gab es in einzelnen Gruppen Probleme bei der Konsensfindung, wurde z. B. eine Position nicht berücksichtigt, ist bei der Vorstellungsrunde die Möglichkeit einzuräumen, dies zu äußern. Bei der Betrachtung aller Gruppenergebnisse sollte die Lehrerin/der Lehrer auch auf die „fehlenden“ Werte eingehen. Steht eine Doppelstunde zur Verfügung, bietet sich als eine Art „zweite Runde“ eine Werteversteigerung an. Dazu erhält jede Gruppe eine feste Punktzahl (z. B. 5 000), die sie in 100 Schritten bieten kann. Die Lehrerin/der

Lehrer übernimmt die Rolle des Auktionators. Es ist darauf hinzuweisen, dass ein von einem Gruppenmitglied unabgesprochen gemachtes Gebot dennoch als gültig betrachtet wird, es aber sinnvoll ist, die Gebote abzustimmen. Bei der Versteigerung der Werte spielt die Reihenfolge der Angebote keine unerhebliche Rolle; „begehrte" und „weniger begehrte" Werte sollten einander abwechseln. Die erzielten Ergebnisse, die Abstimmung in der Gruppe, die Zufriedenheit mit dem „Ersteigerten" werden in einer Abschlussrunde besprochen. Hier werden plötzlich vorher unbeachtete Werte „aufgewertet", in Beziehung zu den erstrebten, aber nicht ersteigerten Werten gesetzt.

A 11

M 1: Das Bild aus dem 18. Jahrhundert zeigt, dass die verschiedenen Facetten der Liebe Menschen zu allen Zeiten bewegten. Die Vorstellung, wonach die Liebe erst in der Romantik zur Grundlage der Partnerschaft wird, ist so nicht haltbar. In den einzelnen „Ortsbezeichnungen" wird sowohl die Sexualität („Land der Lüste") als auch „Scheidung" angesprochen, die Karte ist fraglos aktuell.

Arbeitsanweisungen:
- Versucht mit Hilfe eines Lexikons alle Angaben in der Karte in heutiges Deutsch zu übertragen.
- Zeichnet eine moderne Karte zum Thema „Reich der Liebe". Welche Begriffe müssten ergänzt, welche weggelassen werden?

M 2: Die Sprichwörter aus den verschiedenen Ländern und Epochen lassen sich nicht pauschalisieren. Sie sind von unterschiedlichen Frauenbildern ebenso geprägt wie von der z. T. gegensätzlichen gesellschaftlichen Rolle der Ehe (Liebesehe versus Versorgungsehe).

Arbeitsanweisungen:
- Überlegt und begründet, an wen die Sprichwörter jeweils gerichtet sind.
- Welche Vorstellungen über Liebe und Ehe werden hier deutlich?
- Sucht weitere Sprichwörter zum Thema (es gibt spezielle Sprichwörter-Lexika, die ihr benutzen solltet).

A 12

M 1: Der Text von Irmtraut Mogner verkehrt die Rollenperspektive und dürfte auch heutige Schülerinnen und Schüler zumindest irritieren. Er zeigt, wie unterschiedlich man Verhaltensweisen (wie z. B. das Hinterherpfeifen) wahrnimmt, je nachdem ob sie von Männer oder Frauen gezeigt werden. Gleichzeitig wird in Form der Steigerung die „Tabu"-Verletzung bei der „Anmache" verdeutlicht (von verbalen Entgleisungen bis zu körperlichen Attacken).

Arbeitsanweisungen:
- (nur den ersten Satz der Geschichte vorgeben) Schreibt die Geschichte zu Ende.
- Vergleicht eure Geschichten mit dem Text von Irmtraut Mogner.
- In welchen Passagen verhält sich die Frau „untypisch"? Wie würden Männer auf eine solche „Anmache" reagieren?

M 2–M 4: Die Karikaturen, die „Nachhilfe-CD" und die „Tipps zur Anmache" erläutern die Ambivalenz zwischen der in den Medien, aber auch in Schülergesprächen allgewärtigen Thematik „Liebe/Sexualität" und den individuellen Hemmungen, wenn es darum geht, das andere Geschlecht anzusprechen. Vielleicht lassen uns gerade die Leitbilder aus Kino und TV im Alltag verstummen, weil wir unsere (kommunikativen) Defizite nur umso deutlicher wahrnehmen. Dies könnte auch ein Grund für die wachsende Beliebtheit von Kontaktanzeigen gerade in Jugendzeitschriften sein.

Arbeitsanweisungen:
- Findet einen anderen Schluss für die Situation an der Bushaltestelle (M 2). Formuliert dazu neue Sprechblasen.
- Schreibt einen Werbetext für die CD „Love-Line" (M 3).
- Erstellt für euch eine „Schüchternheitsskala" (0 = extrem schüchtern bis 10 = sehr frech). Welche Anmachetipps (M 4) haltet ihr für euch persönlich für sinnvoll, welche nicht? Begründet eure Meinung.
- Verfasst für euch eine Kontaktanzeige, die in einer Jugendzeitschrift abgedruckt werden soll.

A 13

M 1/M 2: Beim Hohenlied (wörtliche Übersetzung aus dem Hebräischen: Lied der Lieder) handelt es sich um eine nachexilische Sammlung von Liebesliedern und Gedichten, die erst spät in den Kanon aufgenommen wurde. Diese Lieder besingen die Liebe zwischen Mann und Frau und wurden vermutlich bei Hochzeiten von der Braut, dem Bräutigam oder Gästen gesungen. Die Aussagen der Lieder wurden auf das Verhältnis zwischen Gott und Israel, seiner Braut, übertragen. In der christlichen Mystik wurden sie gedeutet als die Brautliebe der Seele zu Gott/Christus (vgl. A 18 M 2).

In den ersten Kapiteln (bis 3,5) wird die Sehnsucht oder der Traum der Braut/des Mädchens nach/von ihrem Bräutigam und einer Vereinigung mit ihm thematisiert. M1 beschreibt das Erwachen der Liebe, die – obwohl sehnlichst erwünscht – nicht erzwungen werden kann (bis es ihr selbst gefällt). Chagall setzt diesen Traum in Bilder um: Die Frau träumt von der – auch körperlichen – Hingabe an ihren Freund, sie ist dem „Irdischen" entrückt und sieht „himmlischen Freuden" entgegen, sie entschwebt der Realität und bleibt doch mit ihr verbunden (Frau „in der Stadt", ausgestreckte Hand), der Thron rechts im Bild bezieht Gott in das Geschehen zwischen Mann und Frau ein, es wird nicht von etwas „Sündigem" geträumt. Die Traumbilder stehen im Einklang mit der Schöpfung und dem Schöpfer. (vgl. A 4 M 2; A 5, Kommentar zu M 3)

Arbeitsanweisungen:
- Findet eine Überschrift für M 1.
- Vergleicht den Text mit dem Bild von Chagall.
- Verknüpft beides mit dem Thema „Anmache".

A 14

M 1: Ausnahmslos alle in der Geschichte vorkommenden Personen haben Schuld auf sich geladen. Die Bearbeitung der Geschichte soll den Schülerinnen und Schülern verdeutlichen, dass sowohl den eigenen Schuldgefühlen als auch dem Zuweisen von Schuld an andere Maßstäbe zugrunde liegen. Schuld ohne Maßstab ist nicht denkbar. Die Geschichte wird zunächst von der Lehrerin/dem Lehrer vorgelesen, ohne dass der Text der Lerngruppe zur Verfügung gestellt wird. In der Regel löst die Geschichte eine Fülle spontaner Reaktionen aus, in deren Verlauf immer wieder „Schuldzuweisungen", also eigene Bewertungen des Verhaltens der Figuren durch die Schülerinnen und Schüler geäußert werden, denen sich einige anschließen und denen andere vehement widersprechen werden. Diese spontane Auseinandersetzung wird sich schnell auf die Schuldfrage fokussieren. Kleingruppen erhalten dann den Auftrag, die handelnden Personen (Abigail, Gregor, Slug, Ivan, Sindbad) in eine Abfolge von „größte Schuld" bis „am wenigsten schuldig" zu bringen, wobei sie jeweils Begründungen formulieren sollen: z. B. Slug ist für uns der Schuldigste, denn er … In dieser Phase ist es sinnvoll, den Text allen Gruppen zur Verfügung zu stellen.
Bei der Aufteilung der Gruppen sollte darauf geachtet werden, dass Jungen und Mädchen in etwa gleich vertreten sind (manchmal gibt es jedoch auch interessante Unterschiede zwischen reinen Jungen- bzw. Mädchengruppen, die nicht immer den „Erwartungen" entsprechen müssen, in jedem Fall aber eine Diskussion auslösen). Die Gruppengröße sollte möglichst fünf nicht überschreiten, da sonst der „Verständigungsprozess" zu lange dauert oder sogar unmöglich wird. Die Gruppenergebnisse können an der Tafel in Form einer Tabelle festgehalten werden. Jede Gruppe trägt ihr Ergebnis dort ein und erhält Gelegenheit, die jeweiligen Begründungen unkommentiert vorzutragen. Fast immer erscheinen alle fünf Personen der Geschichte in den ersten drei Zeilen der Tabelle, die Begründungen können in der Regel auch nachvollzogen, wenn auch nicht geteilt werden. Hier setzt dann die Diskussion nach dem zugrunde liegenden Maßstab an. Slug wird selten als Hauptschuldiger genannt; er kann in den Blick kommen durch das Argument, dass er der Einzige ist, vor dem sich auch Unbeteiligte fürchten müssen, er ist der einzige „Gewalttätige". Ebenso kann Ivan aufgrund seiner Nichtreaktion als Hauptschuldiger bezeichnet werden, denn er allein hätte durch ein Einschreiten den Gang der Dinge verhindern können. Am Ende der Diskussion muss als Ergebnis festgehalten werden, dass es keine objektiv richtige „Lösung" der Aufgabenstellung gibt.

Arbeitsanweisungen:
- Bildet Gruppen, die maximal fünf Personen umfassen. Diskutiert in den Gruppen, wie ihr die Schuld der Personen in der Geschichte bewertet. Bringt sie in eine Reihenfolge (1. am schuldigsten usw.) und begründet eure Meinung.
- Diskutiert die verschiedenen Gruppenergebnisse.

M 2 – M 4: Alle Materialien sollen Mechanismen von Konflikten (Eskalation, Bildung von Legenden „Das ist doch immer so bei dir!", Nichtzuhören, auf der eigenen Position beharren …) aufdecken und Konfliktlösungsstrategien bewusst machen: zuhören, den Konfliktpartner als gleichberechtigt betrachten, die andere Position zur Kenntnis nehmen und überdenken, gemeinsam Kompromisse finden, auf jeden Fall im Gespräch bleiben.

In **M 2** öffnet erst das Alleinsein den Blick für den Wert des Freundes und durchbricht den eigenen Geltungsdrang. Es bietet sich an, die Geschichte nur bis zu dem Satz „… und der andere hat viel zu weit weg im Gras gesessen" vorzulesen und die Lerngruppe die Geschichte beenden zu lassen.

Arbeitsanweisung:
- Beschreibt das Verhalten der beiden Heuhüpfer.

M 3 stellt zwei Streitpunkte vor und bietet unterschiedliche „Lösungen" an: Links ein Umgang im Streit, der diesen eskalieren lässt (Vorwurf, Gegenvorwurf, bis hin zum verbalen Angriff auf die

Person); rechts werden die negativen Erfahrungen/Gefühle zunächst sachlich dargestellt, nicht gleich als Vorwurf formuliert. Daher kann auch der Partner zunächst seine Gefühle darstellen und kommt nicht sofort in eine „Verteidigungsposition". In dieser weniger explosiven Situation kann dann auch die Suche nach neuen, für beide Partner befriedigenden Lösungen eher gelingen.

Arbeitsanweisung:
- Charakterisiert die beiden Streitfälle links und vergleicht sie mit den alternativen „Streifällen" rechts.

M 4: Bei dem „Schlüsselspiel" geht es um eine sachliche Auseinandersetzung mit Schuld. Bei Konflikten kann es keine Lösung geben, bei der Beteiligte einfach einlenken und auf berechtigte Anliegen bzw. Forderungen verzichten. Schlichtes Nachgeben löst den Konflikt nicht, sondern verdeckt ihn. Der Konflikt besteht dann latent und wird auch andere Situationen unbewusst „mitbestimmen". Grundlage für eine ehrliche Konfliktlösung/Bereinigung von Schuld ist gegenseitiges Vertrauen, die „Sicherheit", dass gegebene Aussagen/alternative Verhaltensweisen auch eingehalten werden, man sich auf sie ein- und verlassen kann.

Durchführung: Für die Durchführung des Rollenspiels muss eine Doppelstunde eingeplant werden. Jede Schülerin/jeder Schüler erhält ausschließlich eine der Informationen. Alle fünf Personen sollten in der Klasse möglichst gleich häufig vertreten sein. Die Lerngruppe erhält ausreichend Zeit, sich mit den Informationen vertraut zu machen, wobei ausdrücklich darauf zu achten ist, dass **unter den Schülern kein Informationsaustausch stattfindet.** Dann werden fünf Freiwillige aufgefordert, sich zum Zweck der Klärung der Situation zu einem Gespräch vor der Klasse einzufinden. Sie setzen sich vor die Klasse und sollen sich vorstellen, dass sie in Gefängniszellen säßen und jeder den Schlüssel zur Zelle einer anderen Person besitzt.
Jeder dieser fünf erhält dabei einen Schlüssel.

Mögliche Verteilung:

Die Spieler sollen über die Situation ins Gespräch kommen, ihre (unterschiedlichen) Informationen austauschen und zu einer **Lösung** kommen. Das Spiel ist beendet, eine Lösung gilt als gefunden, wenn alle fünf Mitspieler im Besitz ihres Schlüssels sind, ihr Zusammenleben also neu geregelt haben.

Den fünf Spielern ist ausdrücklich einzuschärfen, dass sie ihren Schlüssel nur dann weiterreichen sollen, **wenn sie mit der Lösung einverstanden sind**, sie dem Gesagten oder Versprochenem „trauen" und es als ehrlich empfinden. Sie sollen auch daran denken, dass der, der seinen Schlüssel erhalten hat, aufstehen und die anderen im Stich lassen kann. Jeder kann nur seinem direkten Nachbarn einen Schlüssel „durchs Gitter" reichen, ob dieser ihn weitergibt, liegt in dessen Ermessen.
Der **Brief an die Familie Klamm** wird der Gruppe erst übergeben, wenn das Spiel bereits eine Weile in Gang ist.
Alle am Spiel nicht direkt Beteiligten erhalten die Aufgabe, die Interaktion zu verfolgen:
- Wer spricht mit wem? (z. B. Strichliste)
- Wird sachlich oder unsachlich argumentiert?
- Wer redet am meisten?
- Wer gibt Schuld zu, wer schiebt ab, wer sucht Ausreden?
- Wer versucht zu überreden, wer zu überzeugen?

Bei der Auswertung des Spiels können diese Beobachtungen den Ablauf der „Bereinigung" der Schuld hilfreich beleuchten, Mechanismen erneut sichtbar machen. Die „Gefühle" der Spieler während des Spiels sollten ausdrücklich unkommentiert ausgesprochen werden können (Hilflosigkeit, Angst vor Ablehnung, Zweifel).

A 15

M 1/M 2: Der Ablöseprozess von den Eltern ist ein beidseitiger Lernprozess, der in der Regel mit Streitigkeiten, in denen die Abgrenzung „erprobt" wird, einhergeht. M1 schildert einen sicher allen Jugendlichen bekannten Konflikt „Zuspätnachhausekommen", der jedoch in überzeichneter Form

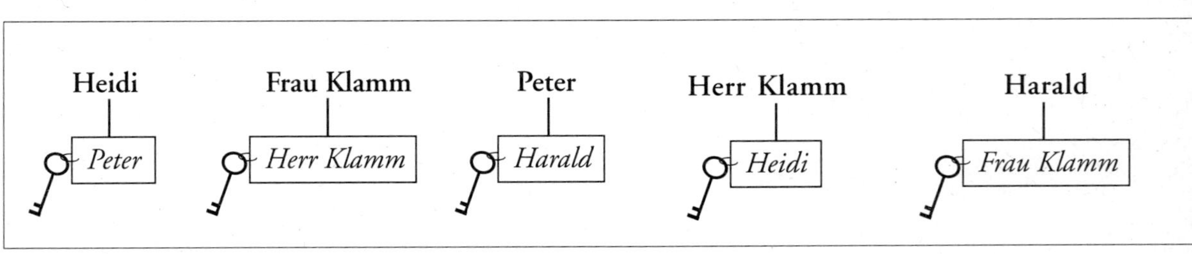

abläuft. Neben dem eigentlichen Konflikt werden andere typisch pubertäre Themenbereiche mit angesprochen: der – vermutlich jüngere – Bruder als Beispiel, „ich bin euch egal“, „ich bin 18 – ihr behandelt mich wie ein Kind“. Im Unterricht sollte der Streit (M 1) mit verteilten Rollen vorgelesen werden. Die Motive der einzelnen Personen können im Unterrichtsgespräch erhoben werden: Angst um Sohn, Ärger über wiederholte Verspätung, nicht wissen, wie sie mit „großem“ Sohn umgehen sollen, Probleme mit der eigenen Rolle, vielleicht bewusste Provokation. Eine Auseinandersetzung mit den im Elternhaus geltenden „Regeln“ kann den Blick für die Motive verstärken, die Überlegung, welche dieser Regeln später zum Maßstab erhoben werden sollen, lenkt den Blick auf die Motive der Eltern.
M 2 öffnet den Blick für ein zukünftiges Verhältnis erwachsenes, selbständiges „Kind“/Eltern. Vermieden werden sollte hier aber der Eindruck „Eltern haben immer recht!“

Arbeitsanweisungen:
- Analysiert, wie sich der Streit steigert. (M 1) Tragt die jeweils vorgebrachten Argumente zusammen.
- Jeder von euch überlegt sich mindestens je 5 Regeln, die zu Hause ausgesprochen oder unausgesprochen gelten. Unterstreicht die Regeln, die ihr später für eure Kinder übernehmen wollt.

A 16

Typ A: Sex interessiert dich vielleicht im Moment noch nicht, oder du denkst nicht gerne über Sex nach oder redest nicht von Sex, weil es dich verlegen macht. Du gehörst zu den Unerfahrenen in Punkto Sex. Du solltest dich deswegen aber nicht schämen oder meinen, nun um jeden Preis Erfahrung sammeln zu müssen, das könnte zu unschönen Erlebnissen führen. Glaube Freunden nicht alles, was sie über ihre sexuellen Erfahrungen erzählen, Phantasie und Wahrheit sind dabei oft vermischt. Vergleiche dich nicht mit ihnen.

Typ B: Du bist gut über Sex informiert und hast einen hohen Grad an sexuellem Bewusstsein. Dein Wissen wolltest du bisher allerdings noch nicht in Praxis umsetzen und du fühlst dich dabei wohl. Du bist eine reife Person, auch wenn du manchmal meinst, die emotionale Seite von Partnerschaft und Sexualität noch nicht ganz verstanden zu haben, das wird sich ergeben. Warte bis du einen Partner findest, mit dem du erste sexuelle Erfahrungen teilen möchtest. Stürze dich nicht in eine Beziehung, nur um mit Freunden Schritt halten zu können, die bereits über sexuelle Erfahrungen verfügen.

Typ C: Du hast dir vermutlich noch nie viel Mühe gegeben, Sex zu verstehen oder deine Erwartungen an Sex zu ergründen. Du hast dich planlos in die Praxis gestürzt und sexuelle Erfahrungen gesammelt, jedoch kein Sexualbewusstsein entwickelt. Vielleicht waren deine Erfahrungen nicht die besten oder du hast dich leichtsinnig verhalten. Deine sexuelle Erfahrung ist an sich nichts Positives, wenn du dir nicht klar darüber wirst, was du willst. Bevor du dich in das nächste Abenteuer stürzt, versuche herauszufinden, was du selbst möchtest. Wenn du mehr weißt, fühlst du dich wahrscheinlich besser. Hast du die Achtung vor dir selbst schon verloren, nimm dir Zeit, dich wieder zu finden. Bist du sehr verunsichert durch deine bisherigen Erfahrungen, können Beratungsstellen dir helfen. Habe Mut, Kontakt zu solch einer Stelle aufzunehmen, es wird dir helfen, in Zukunft bei der Partnerwahl sorgfältiger zu sein und Partner zu suchen, die sich auch für dich als Person interessieren und dich wirklich kennen lernen wollen.

Typ D: Du hast keine Anst vor Sex, deine sexuellen Erfahrungen kannst du mit umfangreichem Wissen ergänzen, das Gelernte kannst du auch verstehen. Mit anderen kannst du ganz offen, locker und ehrlich über Sex reden. Versuche so weiterzumachen, vermeide aber, mit deinem Wissen über Sex anzugeben. Sei dir auch darüber im Klaren, dass selbst du mit deinem Sexualbewusstsein nicht immer alle Gefühle im Griff haben kannst oder alles richtig machen musst. Bleibe wie bisher weiter vorsichtig, dabei aber offen für neues Lernen.

A 17

M 1: Glaube, Liebe, Partnerschaft und Sexualität gehören für das Christentum und andere Religionen eng zusammen. Charakteristisch für das heutige Christentum ist aber – gerade in Fragen der Sexualmoral – eine breite Palette von Dogmen, Meinungen und Auslegungen, die nicht gegeneinander ausgespielt, sondern als Ausfluss unterschiedlicher Gottesbilder und Auslegungstraditionen der Bibel behandelt werden sollten. So vermeidet der Text M 1 kategorische Festlegungen, nennt aber die Grundprinzipien der christlichen Sexualmoral.

Arbeitsanweisung:
- Versucht in fünf oder sechs Thesen die Grundprizipien der christlichen Sexualmoral, wie sie im Text (M 1) beschrieben werden, zusammenzufassen.

Tafelbild zu A 17 M1:

Grundprinzipien christlicher Sexualmoral

1. Die Sexualität des Menschen ist in der Schöpfungsordnung angelegt.
2. Das sexuelle Verhalten des Gläubigen unterliegt Werten und Normen, die sich aus der Bibel ergeben.
3. Erotik, Sexualität und Liebe müssen aufeinander bezogen sein.
4. Sexualität ist nicht der Beginn, sondern die höchste Stufe der Partnerschaft zweier Menschen.
5. Die Partnerschaft von Mann und Frau ist nach christlichem Verständnis prinzipiell auf Dauer angelegt.
6. Sexualität außerhalb der Ehe wird von christlichen Theologen heute zumeist bejaht, einige lehnen sie allerdings auch grundsätzlich ab.

M 2/M 3: Walter Köhler vertritt eine zunächst fundamentalistisch wirkende Position, die bei Schülerinnen und Schülern auf Widerspruch stoßen wird. Im Unterrichtsgespräch sollte man sich zum „Anwalt des Textes“ machen, weil er eine aus dem Glauben resultierende christlich legitime Position vertritt. Nicht die Aussagen selbst sind zu kritisieren, sondern ihre z. T. apodiktische Begründung („Gott hat die sexuelle Gemeinschaft ausschließlich für das Leben in der öffentlich geschlossenen Ehe bestimmt“), die sich nicht zuletzt mit biblischen Geschichten (vgl. Hohelied, David und Batseba, Jesus und Ehebrecherin) hinterfragen lässt. Demgegenüber lässt M 3 zunächst jeden direkten Bezug zu Glaubensfragen vermissen, stellt aber den gegenseitigen Respekt deutlich heraus und spricht ebenfalls vom „Wartenkönnen“, begründet dies aber in ganz anderer Weise.

Arbeitsanweisungen:
- Wenn euer Freund/eure Freundin mit der Sexualität bis zur Ehe warten will, könnte er/sie dies mit den Argumenten des Textes (M 2) begründen. Was würdet ihr ihm/ihr antworten?
- Wie würdet ihr die Gebote für Sex (M 3) verändern, um sie mit den Aussagen von M 2 in Einklang zu bringen? Müssten die Gebote nach eurer persönlichen Einschätzung ergänzt, verändert oder gekürzt werden?

A 18

M 1/M 2: Während die „Jungfrauen“ in M 1 sich quasi für die Ehe aufsparen, ist die Jungfräulichkeit keine Voraussetzung dafür, Braut Christi zu werden. Zölibat und „Jungfräulichkeit bis zur Ehe“ sind Antworten auf die Frage, die jeder Mensch für sich und vor Gott klären muss, sie gehören zum Umgang mit der eigenen Sexualität. Die Lerngruppe soll sich mit diesen – ihnen sicher eher fern liegenden – möglichen Antworten auseinander setzen. M 2 lässt viele Fragen aufkommen im Hinblick auf „Nonne werden und Nonne sein“ bis hin zur Professfeier (vgl. auch A 13 M 1 Seele als Braut Christi). Referate über das Leben in mittelalterlichen bzw. heutigen Klöstern, verschiedene Orden, Franz v. Assisi oder Benedikt von Nursia u. a. m. könnten hier in Form von Kurzreferaten den Unterricht ergänzen. Gleiches gilt für den Besuch eines in der Nähe liegenden Klosters.

Arbeitsanweisungen:
- Diskutiert, warum diese Frauen sich für sexuelle Abstinenz bis zur Ehe entschieden haben könnten. (M 1)
- Überlegt, bei welchem Anlass das Foto gemacht worden ist. (M 2)
- Informiert Euch darüber, wie man Nonne/Mönch wird.

M 3: Die Begründung des Zölibats innerhalb der katholischen Kirche erfolgt sowohl unter Hinweis auf die biblische Überlieferung (Ehelosigkeit Jesu) als auch unter Einbezug der Tradition (Synoden, II. Vatikanische Konzil). Schließlich wird auf die vollständige Hingabe an die Kirche, vor der alles „Private“ zurücksteht, verwiesen. Im Text selbst wird auch die Gegenposition (Bischöfe der Urkirche waren verheiratet, orthodoxe Priester sind verheiratet) zur Sprache gebracht. Im Unterrichtsgespräch sollten zunächst vorurteilsfrei die – in sich fraglos gewichtigen – Argumente für das Zölibat aufgelistet werden, wobei deutlich zu machen ist, dass Zölibat und Priestertum weder historisch noch aktuell als untrennbare Einheit zu sehen sind. Es bietet sich an, einen Priester oder eine Nonne einzuladen und mit den Schülerinnen und Schüler diskutieren zu lassen.

Arbeitsanweisungen:
- Führt die Argumente auf, mit denen die lateinische (katholische) Kirche die Ehelosigkeit der Priester begründet.
- Diskutiert die Vor- und Nachteile des Zölibats.

A 19

M 1/M 2: Im AT und NT wird der Ehe ein hoher Stellenwert beigemessen, da sie in den Mosebüchern, aber auch von Jesus direkt mit der Schöpfungsordnung Gottes in Verbindung gebracht wird. Gleichzeitig kommt im AT jedoch auch die Möglichkeit der Trennung in den Blick. In der Mk-Perikope und im Paulus-Text wird die Einzigartigkeit der Ehe und die Gleichberechtigung der Partner unterstrichen. Von Liebe und Sexualität ist allerdings kaum die Rede.

Arbeitsanweisungen:
- Erläutert die biblischen Begründungen für die Ehe.
- Welche Aspekte der Partnerschaft werden in den Texten ausführlich behandelt, welche nur knapp, welche fehlen ganz?

M 3: Luther zeigt, dass er in Fragen der Ehe nur die Aussagen des NT gelten lässt: Einer Ehe mit einem „Ungläubigen“ steht für einen Christen nichts im Wege. Die Ehe ist eine „weltliche Hantierung“, jede Gesetzlichkeit ist hier wie auch in anderen Fragen völlig verfehlt (Hinweis auf Rechtfertigungslehre: „Man findet gewiss Christen, die schlimmer sind [...] im Unglauben [...] als ein Jude, Heide oder Türke oder Ketzer“.). Im weiteren wendet sich Luther dagegen, aus der „Keuschheit“ eine gesetzliche Forderung zu machen und gibt aus der Zeit heraus zu verstehende Hinweise auf das geeignete Heiratsalter für Männer und Frauen.

Arbeitsanweisungen:
- Nennt Luthers Begründungen für eine Heirat zwischen Christen und „Ungläubigen“ (ggf. Hinweis auf heutige Probleme: Ehe mit Ausländern).
- Nach Luther soll ein Mädchen schon im Alter von 15 oder 16 heiraten. Wie könnte das in Luthers Zeit begründet worden sein?

M 4/M 5: Die Bilder zeigen die späteren Eheleute Luther in unterschiedlichen Lebensstadien: Luther selbst lässt sich 1520 noch als Mönch porträtieren, auch ist ihm totz aller Zweifel an den überlieferten Lehren der Kirche der Gedanke an eine Ehe offenbar noch fern. Er blickt streng, trägt die Tonsur vorschriftsmäßig, seine knochigen Gesichtszüge sind sicher nicht schön. Auch Katharina von Bora (gemalt wird die junge Braut) zeigt noch Züge einer Nonne, das Haar streng zurückgekämmt, fast völlig von der Haube bedeckt, ein ernster Gesichtsausdruck, dunkles Kleid, fast gefaltete Hände. Blickt man genauer hin, so zeigt sich aber auch, dass beide sich fast ähnlich sehen. Cranach hat offenbar die Zusammengehörigkeit beider ausdrücken wollen, zugleich aber unterstrichen, dass die Ehe nichts Schwärmerisches an sich hat, sondern auf der durchaus „vernünftigen“ Entscheidung zweier im Leben und im Glauben gereifter Menschen basiert.

Arbeitsanweisungen:
- Beschreibt die beiden Bilder und sucht nach Gemeinsamkeiten.
- Das Bild Katharina von Boras zeigt sie als junge Braut, welche Auffälligkeiten lassen sich beobachten?

M 6: Der Text über die Ehe im 19. Jahrhundert erscheint heute sicher vielen wie ein Bericht aus einer anderen Welt. Man sollte deshalb die Schülerinnen und Schüler auffordern, Hochzeitsbilder ihrer Großeltern oder Urgroßeltern mit in den Unterricht zu bringen. Allein die Kleidung, Körperhaltung und der Gesichtsausdruck können viele Aspekte des Textes „verbildlichen“. Auch der Altersunterschied zwischen den Partnern – bis in die jüngste Vergangenheit hinein üblich – dürfte erkennbar sein.

Arbeitsanweisungen:
- Unterteilt den Text in Abschnitte, für die ihr jeweils eigene Überschriften formuliert.
- Vergleicht die Aussagen des Textes mit Hochzeitsbildern eurer Groß- oder Urgroßeltern. Was wird aus Text und Bildern über das Verhältnis der Geschlechter deutlich?

A 20

M 1: Die Unterschiede zwischen der Eheauffassung der evangelischen und der katholischen Kirche sind den Schülerinnen und Schülern vielleicht in groben Zügen bekannt („Katholiken können sich nicht scheiden lassen“), der Sakramentscharakter der Ehe bedarf aber der Erläuterung. Die Karikatur sollte ohne komplizierte Erklärung des Sakramentsbegriffs zur Bearbeitung ausgeteilt werden. Aus den „Beispielen“ ergibt sich der thematische Bezug. Die Auswertung der Schülerbearbeitungen erlaubt dann eine Unterscheidung zwischen den besonderen „sichtbaren Zeichen Gottes“ und nur allgemein üblichen Praktiken innerhalb der Kirche wie dem Spenden, das aber auch außerhalb der Kirche üblich ist. In einem Tafelbild lassen sich dann die Sakramente der beiden Konfessionen gegenüberstellen (die theologisch komplizierte Rolle der Buße bei Luther kann dabei übergangen werden, weil sie sich vom Sakrament der Beichte in der katholische Kirche doch sehr unterscheidet):

Tafelbild zu A 20 M1:

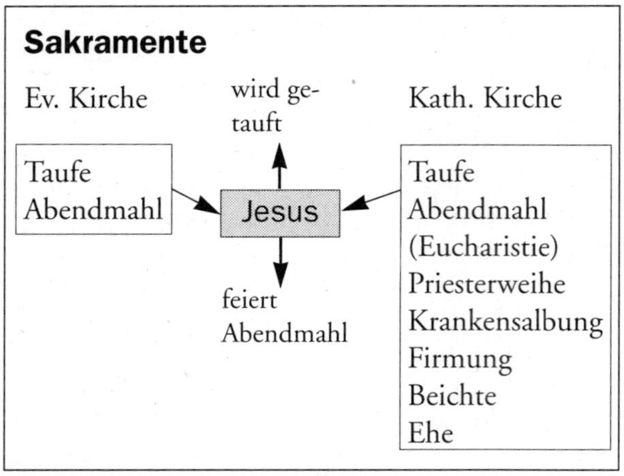

Arbeitsanweisung:
- Kreuzt auf dem Arbeitsblatt die Sakramente in der katholischen und in der evangelischen Kirche an.

M 2/M 3: Die beiden durchaus dogmatischen Texte unterstreichen zunächst die Gemeinsamkeiten der christlichen Eheauffassung (einzigartige, prinzipiell auf Dauer angelegte Verbindung von Mann und Frau, Gabe Gottes, Liebe als Fundament, Gleichberechtigung der Partner, Solidarität, Toleranz und Vergebung). Gleichzeitig werden aber auch unterschiedliche Sichtweisen deutlich, die letztlich auf einer anderen Auslegung neutestamentlicher Aussagen beruhen. M 2: Ehe ist Sakrament, somit Teil der Schöpfungsordnung und von Gott eingesetzt, ihre Bestimmung ist mit der Fortpflanzung untrennbar verbunden. M 3: Ehe ist grundsätzlich nur eine Form menschlicher Gemeinschaft, Fruchtbarkeit wird nicht thematisiert, Maßstab ist die „Menschlichkeit", die individuelle Würde des Menschen, die in einer Ehe nicht verloren gehen darf (und die u. U. ein Scheitern der Ehe bewirken kann).

Arbeitsanweisungen:
- Vergleicht die beiden Texte (M 2 und M 3) und schreibt Gemeinsamkeiten und Unterschiede heraus.
- Welche „Forderungen" werden in beiden Texten an die Ehepartner gestellt?

M 4: Der aus der islamischen Welt stammende Text unterstreicht sozusagen die anthropologischen Konstanten im Zusammenleben von Mann und Frau, die sich in der jeweiligen Religion spiegeln, aber universelle Geltung haben. Partnerschaft ist nicht „Einswerden", der andere bleibt eine andere Person mit Ansprüchen, Wünschen, Hoffnungen und einer ganz eigenen „Geschichte", die bei zwei Menschen nie deckungsgleich verlaufen kann. Die Metapher von der Liebe, die nicht zur Fessel werden darf und von den Saiten einer Laute, die immer allein klingen, veranschaulichen die unaufgebbare Individualität jeder Person.

Arbeitsanweisungen:
- In dem Text finden sich zahlreiche Metaphern (verkürzte Vergleiche). Schreibt sie heraus und versucht sie zu deuten.
- Wie könnte man mit anderen (modernen) Metaphern das Verhältnis zwischen zwei Liebenden zum Ausdruck bringen?

M 5: Siegfried Großmann beschreibt das Zusammenleben von Christen jenseits der üblichen „Kleinfamilie", das jedoch am Gedanken der Monogamie und der lebenslangen Partnerschaft festhält. Schülerinnen und Schüler sind heute mit Formen des „Gruppenwohnens", die in den siebziger Jahren die gesellschaftliche Diskussion prägten, kaum vertraut. Um so eher dürften sie für die vorgeschlagene Form des Zusammenlebens von Paaren offen sein.

Arbeitsanweisungen:
- Diskutiert die Vor- und Nachteile der vorgestellten christlichen Gruppenehe.
- Stellt eine Art „Hausordnung" für eine solche Lebensgemeinschaft auf.

A 21

M1: Im AT gehören zu einem von Gott gesegneten Leben und einer von Gott gesegneten Ehe Kinder, die den Fortbestand der „Familie" sichern. In zahlreichen „Geboten" und Geschichten wird geregelt und erzählt, wie im Fall der Kinderlosigkeit vorzugehen ist. So ist z. B. Kinderlosigkeit ein Grund, den Scheidebrief zu überreichen. Die kinderlosen Ahnfrauen Sara und Rebekka führten ihre Mägde ihrem Mann zu, denn die Kinder der Mägde galten dann als ihre Kinder. Kinderlose Witwen sollten vom Bruder ihres Mannes geheiratet werden, damit der verstorbene Bruder so Nachkommen erhält. Immer wieder wird im AT auch berichtet, wie Frauen unter ihrer Kinderlosigkeit leiden, wie sie sich „minderwertig" und zurückgesetzt fühlen. Kinder gehören zur „Frauenrolle" unbedingt dazu. Auch der „Tun-Ergehen-Zusammenhang" wird deutlich: „Wohlfahrt/Kindersegen" gilt als Folge der Gottesfürchtigkeit.

Arbeitsanweisungen:
- Beschreibt mit eigenen Worten, wie ein gesegneter Haushalt aussieht.
- Worin besteht das „Fundament" des Segens? (Gottesfürchtigkeit, eine Ausrichtung des eigenen Lebens am Glauben)

M 2/M 3: Die Geschichte von Hanna und der Geburt Samuels konkretisiert die Bedeutung des Haussegens, wobei die spezifisch narrativ ausgestaltete Situation Hannas (M 3) den Bezug auch zur Gegenwart herstellt. Neben dem Aspekt „Kinder als Segen Gottes" kommt hier aber auch die Liebesbeziehung Elkanas zu seiner Frau in den Blick: Er liebt Hanna, er versetzt sich in ihre Situation, er sorgt sich um sie und er wirbt um ihre Liebe. Schlüsselsatz für die Beziehung ist die Frage „Bin ich dir nicht mehr wert als zehn Söhne?", die Liebe des Paares hat ihren Wert in sich.
M 2 kann zum einen mit M 1 verglichen werden, aber in den Blick sollte vor allem der letzte Vers kommen und das liebevolle Bemühen Elkanas um Hanna. Vor der Auseinandersetzung mit der „Fortsetzung" (M 3) könnte in einem Rollenspiel (Elkana, Hanna, Peninna) ein mögliches Ende oder aber auch die emotionale Situation herausgearbeitet und diskutiert werden. M 3 unterstreicht noch einmal die emotionale und heilsbezogene Seite der Kinderlosigkeit Hannas: Nicht nur ihre Rolle als Frau, sondern auch ihre Zukunft vor und mit Gott steht auf dem Spiel.
Bei der Diskussion um die Gefühle Hannas kommen in der Lerngruppe vielleicht auch die heutige Auseinandersetzung mit dem Problem der ungewollten Kinderlosigkeit in den Blick: Insemination, Invitrofertilisation, Leihmütterschaft oder auch Adoption. Wenn auch für viele Frauen ihr Selbstwertgefühl nicht mehr am Kindersegen hängt und die religiöse Deutung der Kinderlosigkeit keine Rolle mehr spielt, so wird an dieser Frage doch deutlich, was mit dem „Geheimnis des Lebens" gemeint ist, das nicht gänzlich in der Hand des Menschen liegt, das nicht willentlich hergestellt werden kann, das unverfügbar ist und für Christen in der Hand Gottes des Schöpfers allen Lebens liegt.

Arbeitsanweisungen:
- Beschreibt das Verhältnis zwischen Hanna und Elkana.
- Erläutert den Begriff „Kinder-Segen".

M 4: Bewusste Kinderlosigkeit als Möglichkeit der Selbstverwirklichung bzw. geringe Kinderzahl, um einen gewissen Lebensstandard zu wahren, u. a. m. wird hier angesprochen. Kinder nicht als Segen, sondern als finanzielle und berufliche „Belastungen", als „Störungen" kommen in der Karikatur in den Blick. Deutschland haftet noch immer der Vorwurf einer kinderfeindlichen Gesellschaft an.
In der Lerngruppe können mögliche Gründe hierfür zusammengetragen werden, aber auch die Vorstellungen über die Anzahl eigener Kinder, Motive für Kinderwunsch, Familienplanung etc. können bewusst gemacht und diskutiert werden.

Arbeitsanweisungen:
- Tragt mögliche Gründe für die geringe durchschnittliche Kinderzahl (1,4) zusammen.
- Nehmt zu dem Satz aus der Sicht „Hannas" Stellung.

M 5: Die sinkende Zahl von Gottesdienstbesuchern/Kirchenmitgliedern wird hier in direktem Zusammenhang mit dem Bevölkerungswachstum gesehen. Ohne die Ironie zu verkennen, lässt sich hier auch folgende Thematik behandeln: Die christlichen Kirchen verlieren an Attraktivität, wohingegen andere Religionen, wie z. B. der Islam, vielleicht auch durch eine andere Einstellung zur Frage der Familienplanung, an Einfluss gewinnen. Demgegenüber erreicht die Kirche bei uns immer weniger Menschen und gerade in Fragen der Familienplanung spielen Aspekte der „Wirtschaftlichkeit" und der Selbstverwirklichung eine weitaus größere Rolle als religiöse Überlegungen.

Arbeitsanweisungen:
- Sucht Überschriften zur Karikatur.
- Benennt Gründe für die sinkende Zahl von Gottesdienstbesuchern/Kirchenmitgliedern in den westlichen Ländern.

A 22

M1 – M3: Dass die Ehe in vielen Fällen nicht mehr der „Bund fürs Leben" ist, belegen die Statistiken. Die Erfahrung zeigt, dass in der Regel in jeder Lerngruppe Kinder aus geschiedenen Ehen oder aus Ehen, „die in Scheidung stehen" vertreten sind. Daher ist hier zunächst behutsam und möglichst sachlich an das Thema heranzugehen. Zu vermeiden ist bereits in der Einstiegsphase der Eindruck, dass Ehescheidungen etwas „Sündiges" seien (vgl. M 4, auch eine Scheidung kann unter gewissen Umständen als Ausdruck gegenseitiger Achtung gewertet werden). Mit M 3 kommt eheliche „Treue" in den Blick. Der Begriff der Treue kann hier differenziert betrachtet werden und leitet zu M 4 über (Wann wird eine Ehe gebrochen? Was bedeutet es, dem Partner „untreu" zu werden?).

Arbeitsanweisungen:
- Vergleicht die Scheidungsraten in Europa. Nennt mögliche Gründe für unterschiedlich hohe Scheidungsraten bzw. für die Veränderung in einzelnen Ländern von 1975 bis 1994.
- Diskutiert, ob die Anzeige „M 3" als „Ehetherapie" gewertet werden kann. Setzt euch dabei mit dem Begriff „ehelicher Treue" auseinander.

M 4: Luthers Auslegung des sechsten Gebotes im Kleinen Katechismus wirkt heute sehr „altmodisch" (Ehe als heilige Ordnung Gottes, die ein Leben lang bestehen soll.). Dennnoch zeigen sich sozusagen zwischen den Zeilen auch andere Züge.

Tafelanschrieb zu A 22 M 4:

> **Luthers Definition der Ehe im Kleinen Katechismus**
>
> – Ehe ist kein äußerlicher Rechtsakt oder religiöser Ritus, sondern ein Prozess, der von beiden Partnern jeden Tag etwas fordert.
> – Die Bindung an den Partner soll stärker sein als alle anderen menschlichen Bindungen.
> – Gegenseitige Achtung, Treue und gemeinsame Kindererziehung sind notwendige Bedindungen.
> – Der Partner ist „nach Christi Vorbild" zu behandeln, was selbstlose Liebe, absolute Gewaltlosigkeit und die Bereitschaft zum Verzeihen einschließt.

M 5: Kirchengeschichtlich gesehen ist Scheidung dogmatisch weder in der evangelischen noch in der katholischen Kirche eindeutig geklärt. In der evangelischen Kirche treten aufgrund eines anderen Grundverständnisses Konflikte heute nur noch in wenigen Einzelfällen auf, wohingegen die kanonisch legitime „Eheauflösung" in der katholischen Kirche äußerst restriktiv gehandhabt wird.

Arbeitsanweisung:
– Erläutert den unterschiedlichen Umgang mit Geschiedenen in der katholischen und in der evangelischen Kirche und versucht dies zu erklären.

A 23

M 1/M 2: Die Zitate zeigen die Spannweite biblischer Aussagen zum Thema Ehebruch und Scheidung. Die auf heutige Leser völlig unangemessen wirkende Todesstrafe für Ehebruch muss vor dem Hintergrund der patriarchalischen Stammesordnung im alten Israel gesehen werden und sollte im Zusammenhang mit dem Dekalog (Ex 20,1–17) und der Bergpredigt (Mt 5 f.) besprochen werden (Stichworte zum Dekalog: Gebote nur an Männer gerichtet; Frauen gehören rechtlich erst zum Vater, dann zum Ehemann, sind aber keineswegs ohne eigene Rechte; Bergpredigt: Hinweis auf Anbruch des Gottesreiches, Gottes Maßstäbe entsprechen nicht menschlichen Gesetzen; Gnade als Geschenk Gottes für jeden, der seine Sünde erkennt und bereut).

Arbeitsanweisungen:
– Vergleicht die Aussagen aus dem AT und dem NT zum Thema Ehebruch und beschreibt die Unterschiede.
– Überlegt, an wen die Gebote jeweils gerichtet sind?

M 3: Diese psychologisch einfühlsam erzählte Geschichte eröffnet viele Behandlungsmöglichkeiten. Da ist zum einen die Person des Königs: Wieso hat er es nötig, den Ehebruch zu „vertuschen" (auch der König ist als Israelit an die Gebote Gottes gebunden, er ist nicht der unumschränkte Herrscher)? Wie kommt es, dass dann doch ein Sohn aus der Beziehung die Nachfolge des Vaters antreten kann (Nathanparabel, Fortgang der Geschichte: Einsicht in Schuld, Vergebung, Neuanfang)? Zum anderen ist die Person der Batseba immer wieder Anlass zu Spekulationen gewesen (vgl. die Überschrift).
Die biblische Geschichte lässt die „Schuldzuweisung" eher offen: Beide werden schuldig vor Gott, der Sohn beider stirbt (vgl. Schuldfrage A 14 M 1).

Arbeitsanweisungen:
– Beschreibt das Verhalten des Königs. Zieht auch M 1 dazu heran.
– Benennt Gründe, die den König zum „Vertuschen" der Affäre veranlasst haben könnten.
– Schreibt eine mögliche Fortsetzung der Geschichte. Vergleicht eure Versionen mit dem biblischen Ausgang der „Affäre".

A 24

M 1: Das Gedicht sucht auf eher heitere Weise ernsthafte Probleme anzusprechen. Kinder sehen im Streit zwischen den Eltern grundsätzlich etwas Bedrohliches, die Anlässe des Streits sind für sie oft nicht nachvollziehbar. Parteinahme vermeiden sie, das friedliche Miteinander der Eltern ist der zentrale Gedanke, Projektion kindlicher Wünsche (Refrain).

Arbeitsanweisungen:
– Beschreibt die Gefühle des Kindes, die in den verschiedenen Strophen des Gedichtes zum Ausdruck kommen.
– Erörtert die eigenen Gefühle bei Streitereien in der Familie.

Bei der letzten Arbeitsanweisung sind die besonderen Verhältnisse in der Lerngruppe (z. B. aktuelle Scheidungsfälle u. a. m.) zu berücksichtigen.

Die Ergebnisse ließen sich in folgendem **Tafelbild zu A 24 M1** zusammenfassen:

Strophe:	**Gefühle des Kindes:**
1	Angst
2	Gespielte Gleichgültigkeit (nur nicht hereingezogen werden)
3	Verlassenheit
4	Körperliche Übelkeit
	BEDROHUNG
5	Zufriedenheit/Glück wegen Ende des Streites (Konfliktlösung zweitrangig)

M 2/M 3/M 4: Die Statistiken unterstreichen dreierlei:
- Die Ängste der Kinder und Jugendlichen erwachsen nach wie vor weitgehend aus dem privaten Bereich, wobei die mögliche Trennung der Eltern als herausragendes Problem gesehen wird.
- Scheidung ist längst kein „Sonderfall" mehr, sondern gehört für immer mehr Kinder zur „Normalbiographie".
- Sorgerechtsentscheidungen sind häufig mit Konflikten verbunden, das problemlose gemeinsame Sorgerecht nach einer Scheidung bleibt (noch) Ausnahme.

Arbeitsanweisungen:
- Wie erklärt ihr den hohen Stellenwert der „privaten" Sorgen bei den häufigsten Ängsten der Kinder 1997?
- Welche Nachteile hat es, wenn man mit nur einem Elternteil zusammenlebt? Gibt es auch Vorteile?

M 5: Das Plakat, das vor einiger Zeit in der deutschen Öffentlichkeit für großes Aufsehen sorgte, weist auf die Schwierigkeiten im Umgang mit dem Sorgerecht hin und kann dazu dienen, zunächst die derzeit gültigen rechtlichen Bestimmungen mit ihren Vor- und Nachteilen (Sorgerecht, Unterhaltsrecht, Umgangsrecht) aufzulisten.

Arbeitsanweisungen:
- Nennt Gründe, die den Vater von Giacomo wohl veranlasst haben, ein solches Plakat drucken zu lassen.
- Welche Überlegungen könnten Giacomos Mutter wohl veranlasst haben, den Kontakt zwischen Vater und Sohn zu unterbinden?

A 25

M 1: Die Bearbeitung in Kleingruppen sollte nicht länger als 10 Minuten dauern, damit noch genügend Zeit besteht, die verschiedenen Textvorlagen und deren Begründung zu diskutieren und diese mit dem Originaltext zu vergleichen:

Originaltext von Peter Schwöbel:

pervers ist
dass millionen
sich begeistert vor
ihrer mattscheibe einfinden
wenn zwei männer sich
blutig schlagen
aber jeder peinlich berührt
und böse ist
wenn zwei männer zärtlich
zueinander sind

Arbeitsanweisung:
- Besprecht die Textbearbeitungen. Sagen alle das gleiche aus, oder gibt es Unterschiede?

M 2: Der Artikel ist sprachlich komplex, ggf. müssten kurze Begriffsklärungen erfolgen (Kanaaniter). Der biblische Befund ist im reinen Wortsinn aber eindeutig: Homosexualität ist Sünde. Doch sollten die Schülerinnen und Schüler gelernt haben, die biblischen Aussagen in ihrem „Sitz im Leben" zu verstehen und zu deuten. Die historisch-kritische Sichtweise kann hier helfen, die biblischen Aussagen zur Homosexualität sachgemäß einzuordnen (Abgrenzung der Juden gegenüber den Kanaanitern, Abgrenzung der Christen gegen die heidnisch-hellenistische Welt). Gleichzeitig ist im Unterrichtsgespräch darauf hinzuweisen, dass Aussagen aus den Büchern Mose nicht „zeitlos" auf heutige Verhältnisse übertragbar sind (vielleicht ein guter Anknüpfungspunkt für die Behandlung gängiger hermeneutischer Verfahren in der Exegese).

Arbeitsanweisung:
- Schlagt die im Artikel angegebenen Bibelstellen nach und lest sie im Zusammenhang. In welchen Situationen wird jeweils über Homosexualität gesprochen?

M 3: In dem Lexikonartikel werden alle makabren Vorurteile, pseudowissenschaftlichen Unterstellungen und fatalen Konsequenzen der NS-Ideologie in Bezug auf die Homosexualität deutlich. Die bis zur physischen Vernichtung der Homosexuellen reichende Verfolgung durch die Nazis muss im Unterricht erläutert werden. (Einstieg: „rosa Winkel“ als Erkennungszeichen der Homosexuellen in den Konzentrationslagern, heute von Homosexuellen oft bewusst getragen, um an Diskriminierung und Verfolgung zu erinnern).

Arbeitsanweisungen:
- Zeigt auf, welche unbegründeten Aussagen sich in dem Artikel finden.
- Welche Begriffe im Text stellen die Homsexualität als „unheilbare Krankheit“ dar? Was will man damit erreichen?
- Informiert euch über das Schicksal der Homosexuellen in der NS-Zeit.

M 4–M 7: Die in der Denkschrift der EKD und dem moderneren Lexikon der Biologie zum Ausdruck kommende Sichtweise der Homosexualität zeigt den noch immer nicht abgeschlossenen Wandel in der Erklärung und Bewertung dieser Form der menschlichen Sexualität. In M 4 wird vieles zurückgenommen, was in Kirche und Gesellschaft bis in die 70er-Jahre unseres Jahrhunderts gelehrt wurde. Es bleibt aber bei (religiösen) Vorbehalten gegenüber homosexuellen Beziehungen, die bis in die Gegenwart fortbestehen (Frage der kirchlichen Trauung von Homosexuellen, Homosexuelle als Pastoren/Priester) und wohl dogmatisch nur schwer zu überwinden sind (vgl. auch M 6/M 7).

Arbeitsanweisungen:
- Worin unterscheiden sich die Aussagen zur Homosexualität in M 4 und M 5?
- Nehmt Stellung zu der These: Homosexualität sollte im Biologieunterricht und nicht im Religionsunterricht behandelt werden.

M 8: Der Zeitungsbericht illustriert den gesellschaftlichen Wandel in der Bewertung der Homosexualität in den westlichen Ländern (weitere Beispiele: Outing von Prominenten, die sich zu ihrer Homosexualität bekennen; öffentliche Demonstrationen, Proteste bei „beruflichen Diskriminierungen“, Lesben- und Schwulenbeauftragte). Das geänderte öffentliche Bewusstsein lässt bezogen auf den Artikel frühere Argumente für ein „Berufsverbot“ bei Agenten/Politikern/Berufssoldaten/Pastoren gegenstandslos werden: Erpressbarkeit, gesellschaftliche/religiöse Ächtung usw.

Arbeitsanweisungen:
- Tragt Gründe zusammen, warum Agenten früher nicht homosexuell sein durften.
- Sammelt Zeitungsausschnitte, in denen Prominente über ihre Homosexualität berichten.

A 26

M 1/M 2: Als Einstieg sollte ggf. auf Folie nur das Bild der Homosexuellen-Paare ohne Kommentar präsentiert werde. In der offenen Aussprache in der Klasse werden dann sicher Äußerungen von „unnatürlich“, „unmöglich“, „pervers“ bis zu „sehen doch gut aus“, „kirchliche Heirat muss es auch für Homsexuelle geben“ erfolgen, die man – am besten schriftlich – begründen lassen sollte. Der Artikel über die Praxis in einigen dänischen evangelischen Gemeinden kann dabei Argumente für eine kontroverse Diskussion liefern. Die Zahlen belegen, dass „Homosexualität“ immer nur wenige Menschen persönlich betrifft und oft gehörte Argumente wie „dann würde die Menschheit ja aussterben“ völlig haltlos sind.

Arbeitsanweisungen:
- Betrachtet das Bild (M 2) und schreibt in Stichworten eure spontanen Empfindungen auf.
- Ausgehend vom Artikel (M 1) könnt ihr einen Fragebogen zum Thema „Heirat von Homosexuellen“ (standesamtlich und/oder kirchlich?) erstellen und Interviews unter Mitschülern, Pastoren oder Politikern zu diesem Problem durchführen.

M 3: Eine Heirat von homosexuellen Paaren stößt in unserer Gesellschaft nach wie vor auf Vorbehalte, wobei die religiöse Argumentation kaum eine Rolle spielt. Aber auch Homosexuelle selbst sind nicht einhellig für eine Heirat, weil sie die damit verbundene Lebensform – jedenfalls ihrem Anspruch nach – für im Kern verfehlt halten.
In M 3 geht es ausschließlich um die standesamtliche Eheschließung und die damit verbundenen rechtlichen Verpflichtungen (Steuer, Unterhalt, Rente, Erbe), der Unterschied zwischen „Zivilehe“ und kirchlicher Trauung müsste vorher erläutert werden (ggf. Rückgriff auf historische Entwicklungen, z. B. Kirchenkampf unter Bismarck).

Die Stellungnahmen aus M 3 sollten zunächst getrennt jeweils einer Gruppe der Klasse gegeben werden, die dann „Gegenstellungnahmen“ verfassen könnten. Vielleicht kann man in der Klasse zunächst eine Umfrage durchführen (Wer ist gegen/für die standesamtliche Heirat von homosexuellen Paaren?) und den einzelnen „Parteien“ dann die passenden Gegenargumente aus M 3 präsentieren.

A 27

Der authentische Bericht der Schülerin ist kein eindeutiges Plädoyer gegen die Abtreibung. Dennoch zeigt sich hier ohne vordergründige „Belehrung“, dass der Schritt zur Abtreibung einen tiefen Einschnitt im Leben der „Mutter“ (und sicher auch des „Vaters“) darstellt, der auch jenseits aller religiösen Erwägungen zu schwerwiegenden Auseinandersetzungen mit dem eigenen Gewissen, mit dem Partner und der „Umwelt“ führen kann. Oft ist die Abtreibung nur scheinbar der einfachere Weg. Aber auch die Entscheidung für das Kind führt zu persönlichen und auch seelischen Belastungen, vor allem wenn man, wie das Mädchen in dem Bericht, auf sich allein gestellt bleibt.

Arbeitsanweisungen:
- Informiert euch in Lexika oder Broschüren, z. B. von Pro familia oder auch von verschiedenen Bundesministerien, welche gesetzlichen Regelungen bestehen, wenn man ein Kind abtreiben will.
- Versetzt euch in die Rolle des Freundes/der Eltern des Mädchens und beschreibt die Ereignisse aus deren Sicht.
- Der Artikel ist anonym veröffentlicht. Welche Gründe könnte es hierfür geben? Überlegt, wie man dem Mädchen zukünftig helfen könnte.

A 28

M 1: Text und Karikatur weisen darauf hin, dass Aids nicht nur ein Thema für Randgruppen oder für Kranke und deren nähere Umgebung ist, sondern alle Menschen angeht, weil Aids die Beziehungen der Geschlechter entscheidend verändert hat. Angst – eben auch Todesangst – belastet für viele den sexuellen Verkehr offenbar so sehr, dass sie jede Kontaktaufnahme mit Misstrauen betrachten. Die Aussagen zeigen im weiteren, dass mit dem simplen Motto „Benutzt Kondome!“ die eigentliche Problematik des Themas verkannt wird. Es geht nicht um „technische“ Lösungen, sondern um eine andere Dimension des Umgangs miteinander.

Arbeitsanweisungen:
- Versucht die Denkblase der beiden in Sprechblasen zu verwandeln. Wie könnten sie gemeinsam über ihre Ängste reden.
- Verfasst eine eigene (ehrliche!) Stellungnahme zur Frage von Aids und Angst.

M 2/M 3: Im Umgang mit Aisdskranken kann es keine anderen Maßstäbe geben als im Umgang mit Kranken generell. Der Predigttext macht deutlich, dass Jesus den alttestamentlichen Tun-Ergehen-Zusammenhang (Krankheit als Strafe Gottes für eigene oder „ererbte“ Sünden) aufgehoben hat. In der Nachfolge Jesu ist deshalb nicht allein die Diskriminierung Aidskranker „unevangelisch“, sondern die Christen sind aufgefordert, sich in besonderer Weise um die Leidenden und Ausgegrenzten zu kümmern (Caritas).

Arbeitsaufgaben:
- Schlagt die in der Predigt (M 2) angegebenen Stellen in der Bibel nach und gebt den genauen Zusammenhang an. Erörtet dabei die Frage, wie Jesus Krankheit beurteilt und wie er mit Kranken umgeht.
- In den Ratschlägen der deutschen Aids-Hilfe wird die absolute Ehrlichkeit im Umgang mit Aids-Kranken gefordert. Stellt Pro- und Contra-Argumente zu dieser Forderung zusammen.

WEITERE TITEL ZUR UNTERRICHTSVORBEREITUNG

RELIGION

Sekundarstufe I

Arbeitsblätter
Christliche Feste und Feiern
32 Arbeitsblätter mit didaktisch-methodischen Kommentaren
ISBN 3-12-926726-3

Arbeitsblätter
Die Bibel - Begegnung mit einem ungewöhnlichen Buch
28 Arbeitsblätter mit didaktisch-methodischen Kommentaren
ISBN 3-12-926728-X

Arbeitsblätter
Martin Luther und die Reformation
26 Arbeitsblätter mit didaktisch-methodischen Kommentaren
ISBN 3-12-926735-2

Arbeitsblätter
Jesus Christus
25 Arbeitsblätter mit didaktisch-methodischen Kommentaren
ISBN 3-12-926736-0

Arbeitsblätter
Verantwortete Partnerschaft
28 Arbeitsblätter mit didaktisch-methodischen Kommentaren
ISBN 3-12-926763-8

Arbeitsblätter
„Sekten" – neue Wege zum Heil?
32 Arbeitsblätter mit didaktisch-methodischen Kommentaren
ISBN 3-12-926764-6

Arbeitsblätter
Zeichen und Symbole - Sprache des Glaubens
50 Arbeitsblätter mit didaktisch-methodischen Kommentaren
ISBN 3-12-926748-4

Arbeitsblätter
Die Propheten
28 Arbeitsblätter mit didaktisch-methodischen Kommentaren
ISBN 3-12-926749-2

Arbeitsblätter
Wohin geht die Lebensreise?
28 Arbeitsblätter mit didaktisch-methodischen Kommentaren
ISBN 3-12-926738-7

Arbeitsblätter
Sterben und Hoffen
37 Arbeitsblätter mit didaktisch-methodischen Kommentaren
ISBN 3-12-926753-0

Arbeitsblätter
Das Gewissen – die leise Stimme
28 Arbeitsblätter mit didaktisch-methodischen Kommentaren
ISBN 3-12-926756-5

Arbeitsblätter
Die soziale Frage
33 Arbeitsblätter mit didaktisch-methodischen Kommentaren
ISBN 3-12-926754-9

Sekundarstufe II

Arbeitsblätter
Christen im Dialog mit den Weltreligionen
20 Arbeitsblätter mit didaktisch-methodischen Kommentaren
ISBN 3-12-926751-4

Arbeitsblätter
Als Frau leben – als Mann leben
27 Arbeitsblätter mit didaktisch-methodischen Kommentaren
ISBN 3-12-926761-1

Arbeitsblätter
Verantwortung für den Frieden
25 Arbeitsblätter mit didaktisch-methodischen Kommentaren
ISBN 3-12-926758-1